JN111575

クイズを解いて勝率アップ!

FX チャート&資金管理 実践トレーニング

元メガバンク為替ディーラー

鈴木拓也

ご利用前に必ずお読みください

本書はFXによる外貨などの売買、投資の参考となる情報提供、技術解説を目的としています。FXによる外貨などの売買、投資の意思決定、最終判断はご自身の責任において行ってください。
本書に掲載した情報に基づいた投資結果に関しましては、著者および株式会社ソーテック社はいかなる場合においても責任は負わないものとします。
また、本書は2020年8月現在の情報をもとに作成しています。掲載されている情報につきましては、ご利用時には変更されている場合もありますので、あらかじめご了承ください。
以上の注意事項をご承諾いただいたうえで、本書をご利用願います。

※ 本文中で紹介している会社名、製品名は各メーカーが権利を有する商標登録または商標です。なお、本書では、©、®、TMマークは割愛しています。

はじめに

「これまでFXをいろいろな本や教材で学んだけどうまくいかない」
「具体的にどこでエントリーすればいいのか分からない」
「資金管理の方法がイマイチ分からない」

本書を手に取っていただいた方の中には、こんな悩みをお持ちの方も多いのではないでしょうか？

FXに関する書籍は数多く存在しますが、それらで勉強したとしても、**実践ではなかなか思うように成果が出ない人がほとんど**です。

それはなぜか？

結論から言えば、FXで稼ぐためには、『インプット』に加えて、**徹底的な『アウトプット』学習が必要**だからです。

本を読んで知識を得て、読みっぱなしの状態では意味がありません。

書籍などで吸収した知識を、実践形式で徹底的にアウトプットし、検証と改善を積み重ねて、自分の中に消化していく作業がFXで勝つためには必要なのです。

ただし、これは1日でできるほど甘くはありません。

スポーツと似ていて、テニスのフォームをプロから教わっただけで試合ができないのと同じで、FXでも安定して稼ぐスキルを身に付けるためには、**「来る日も来る日も」地道に徹底的な練習をしていく必要があります。**

本書は元メガバンク為替ディーラーの現役投資家が、高勝率なトレード手法についてまとめた実践トレーニング書です。

そんな中、本書は**「インプット」と「アウトプット」をバランスよくまとめており、実践力を身に付けていただきます。**

以下の4つのステップについて、FXトレードの定石となる高勝率な手法を解説します。

ステップ1：**相場環境認識**
ステップ2：**高勝率エントリーポイント**
ステップ3：**MACD/RSIの複合技**
ステップ4：**正しいレバレッジと資金管理**

ステップ1の**相場環境認識**では、上位足で現在のトレンド状態が「上昇・下降・レンジ」のいずれの状態に該当するのか、ダウ理論により分析する方法を解説します。

その上で、**「マルチタイムフレーム分析」**を使って下位足で「買い・売り・様子見」のどれを狙うべきかを決定していきます。

ステップ2の**エントリーポイント**では、ライン分析を使って優位性のある高勝率の売買ポイントを解説します。相場環境認識で上位足のトレンドの方向を判断し、さらに下位足で優位性のあるポイントを狙うことで、面白いくらい狙った通りのトレードが決まるようになります。

ステップ3では、**MACDやRSIを使って、トレンド転換のリスクを察知する方法**を解説します。

ステップ4では、手法と同じくらい大切な**レバレッジや資金管理**について解説します。

本書では、一方的にこちらから解説をするだけではなく、**練習問題（Q＆A）**を通して読者のみなさんにも考えてもらいますので、インプットとアウトプットの両方で鍛えることができます。

FXのスキルを上げるには、過去のチャートを使って
「どんな手法が有効だったのか？」
「どこでエントリーし、どこで損切りをするべきだったのか？」
「根拠はなんだったのか？」
などの練習を行うことが大切です。

おそらく、私も含め、FXで億を稼ぐトレーダーで過去チャートの練習を軽視する方はいないでしょう。

「過去チャートは後付けでどうにでも解釈できるから意味がない」と考える方もいますが、検証そのものを否定する行為であり、成長ができません。

確かに、過去とまったく同一のチャートになることはあまりないですが、似たようなチャートはたくさん発生します。

つまり、過去チャートを使って練習を積み重ねることで、どんどん経験値が積み上がり、「あの時はこうだから、今後はこうなるかな？」と言った予想がはじめて立てられるのです。

FXのチャート練習・資金管理の練習は、スポーツの筋トレや基礎練習と同じなので、ぜひ、何度も練習を重ね、実践にて練習の成果を発揮できることを目指してください。

元メガバンク為替ディーラー　鈴木拓也

FXのチャート分析や資金管理のスキルは、筋トレやスポーツの基礎練習と同じです。
繰り返してぜひマスターしてください！

CONTENTS

Chapter 3　チャート分析　エントリーポイント編....77

Chapter1

FXで稼ぐための準備と心構え

Chapter1ではFXトレードで知っておくべき基礎知識や心構えについて説明します。
手法や資金管理よりも優先すべき大切な内容なので、しっかりと押さえましょう。

Chapter 1

心構え

1 FXを始める準備をしよう

利益よりも知識武装を優先するべき

これからFXで稼ぎたいと考える初心者の方は、最初からトレードで**「稼ぐ」ことにこだわってはいけません。**

それよりも優先すべきは、体系的な知識を身に付け「**知識武装**」を行い、自分自身の**スキルを高めることに専念するべき**です。

最初から目先の利益を優先すると、稼ぎたい気持ちが先行し、十分な実力が身に付いていないにも関わらず、**根拠のない無理な取引をしがち**になります。

たまたま運よく一時的には稼げても、将来に渡って安定的に稼ぎ続けるには、それを裏付けるだけの実力が必要不可欠です。

無数にある売買チャンスの中から、1％でも勝率が高い優位性のあるポイントを売買ルールに基づいて見つけ出し、リスク管理を徹底した上でトレードすることで、はじめて安定したパフォーマンスにつながっていくのです。

知識が高まれば安定した利益はあとからついてきます。

なので、まずは稼ぎたい気持ちをグッと抑えて、**利益よりも知識を優先**しましょう。

情報の「質」を重要視しましょう

FXの勉強法としては、

❶ 本書のような書籍を読む

❷ YouTubeなどの動画で学習する

❸ 有名トレーダーのブログを読む

❹ 教材を買う

❺ SNSを見る

などの方法があります。

ここで、注意点としては、本当にその情報が**「信頼できる良質な情報なのか？」**を冷静に判断してください。

特に、投資の世界では「絶対稼げる」「誰でも月収○○万円」といった、過激なキャッチコピーをつけて注目だけを浴びる商材がかなりあり、実際に中身はスカスカ、という場合が多々あります。

単に書籍や商材を売りたいがために、タイトルだけを過激にしている例です。

しかし、投資を経験している人間であれば常識なのですが、そもそも、**投資の世界に「絶対」や「100%」という言葉は存在せず**、金融商品取引法でもそのような断定的な判断の記載は禁止されています。

もしそれらのワードが使われていたら、法律にも抵触し詐欺の可能性を疑うべきと言えます。

それらの低品質な情報を手にすれば、知識を得るどころか、誤った知識が原因で大切なお金と時間を無駄にするリスクがあるので注意しましょう。

情報の質を見極めるポイント

❶ 発信者の経歴や実績は信用できるか？
❷「絶対稼げる」などの過激なワードを使っていないか？
❸ 読者からの評判はどうか？
❹ 高額なコンサルや商材販売を目的としていないか？

すべての結果は自己責任であると考える

FX でいつまで経っても成果が上がらない人は、共通して**失敗の原因**を「自分」ではなく**「他人」や、環境のせいにする**傾向があります。

例えば、FX で稼げない理由を、書籍や教材のせいにしたり、マーケット環境のせいにしたりするのです。

以前、ブログの読者から「FX 有料教材を買って手法を学んだのですが、まったく稼げない最低の手法でした！　取引をすればするほど負け続けます！」というメールをいただきました。

私はその教材について詳しく知りませんでしたが、すぐに根本的な問題として、その読者がこのままいろいろな書籍や教材で勉強を続けても、ほとんど成果は出ないだろうなと感じました。

その方が、その教材を真剣に 100％消化し、検証に検証を重ねて「この手法は優位性のない勝てない手法である」という結論が得られたのならば、非常に価値のある大きな発見となります。

なぜなら、その手法と全く逆のトレードをすれば、理論上は FX で勝つことができるようになるからです。

これは少し大げさな例ですが、FX に限らず、他の投資でもビジネスでもスポーツでも、**成果を上げ成功している方で失敗を他のせいにする人はいません。**

うまくいかない原因を他に転嫁することは、安易にできる簡単な行為ですが、そこからは何の発展も生まれません。

そうではなく、**「投資の結果はすべて自分の責任」**という考えを持つことで、FX と真摯に向き合うことができ、はじめてメキメキ実力を高めていくことができるのです。

FX は余剰資金で運用し生活費は使わない

FX で投じる資金は、必ず**「余剰資金の範囲内」**に収めるべきです。

余剰資金とは、一言でいうと資産のうち、生活費や緊急時に必要なお金を除いた残りのお金を指します。**すべてなくなってしまっても生活に困らない範囲のお金**という意味です。

もちろん、大切なお金ですから、FX でなくなっていいお金なんてあるわけありません。ここで大事なのは、余剰資金以上の金額を FX で投資した場合、メンタルへの負荷が何倍にもなり、最悪の場合、メンタル面からトレードに負の影響が出てしまいます。

特に、一獲千金を狙って生活費を投じることは論外（禁止）です。

FX には**証拠金の最大 25 倍まで取引できるレバレッジの仕組み**があり、うまくいけば一気に利益が増えます。

それは同時に**負けた時に元手が一気に減る**ことも意味しており、生活がかかった状態で FX をすると、損切りができなかったり、負けを取り戻そうとロットを更に倍にしたりするなど、負の連鎖につながっていきます。

生活費とは切り離した**余剰資金で FX をすることで、メンタルに余裕が生まれ、ストレスを軽減した状態でトレードに臨むことができます。**

FX は、なくなってもいいお金でやりましょう！
余裕をもってトレードすることが勝利の秘訣です！

Chapter 1
心構え
2

手法を使いこなせるだけの実力を身に付ける

聖杯などこの世に存在しない

FX で財を成したトレーダーは、まるで誰も知らない魔法のような秘密の「必勝法＝聖杯」を持っているのだと、みなさん勘違いされます。

自分もその裏技のような手法を知ることができれば、「FX で勝てる！」と思い込み、手法を探し続けます。新しい手法を学んでは少し試してうまくいかず、「この手法はだめだ！」と、また新たな手法を探し求めます。この繰り返しです。

残念ながら FX で継続的に 1 パターンで稼ぎ続けられる聖杯なんてものはこの世に存在しません。そもそも、相場の環境は日々変化しており、過去にはうまくいった手法が、今の相場ではあまり通用しない、なんてことも多々あります。

では、どうすればいいでしょうか？

結論は、表面的な手法に頼るのではなく、相場環境に応じて臨機応変に手法を使いこなせるだけの、自分自身の**実力を高めるほかありません。**手法とは、FX トレードで利益を得るための「技」です。そして、**チャートは技を繰り出すための「武器（ツール）」**です。

例えば、ボクシングの世界で右ストレートだけ使っても、すぐ相手に見抜かれて有効打にならないのと同じように、FX でもその時々で有効な技を繰り出さなければ勝率の高いトレードは実現しません。トレーダー自身に技を扱う実力がなければ、チャート（武器）はただの飾りになってしまいます。

勝率にこだわらずトータルでの利益を目指す

驚かれるかもしれませんが、FX で億を稼ぐトレーダーでも、勝率 80 ～ 90%を出せる人はほとんどいません。正確に言うと、勝率 80 ～ 90%が出せないというより出す必要がなく、勝率よりも重要な要素を重んじています。

それは、「**リスクリワード**」（180 ページ参照）です。リスクリワードとは、1 回のトレードにおける「損失幅：利益幅」の比率です。

例えば、勝率 30%であっても、「リスク：リワード＝ 1:3」の手法が確立できれば、トレードすればするほど利益が蓄積されていきます。

逆に、勝率80％であっても、「リスク：リワード＝5：1」の手法であれば、高勝率であるにも関わらず、トレードすればするほど損失が膨らみ資産が減っていきます。

手法とは本来、**リスクリワード**や**ロット管理**など、資金管理も含めた一連のトレード動作全体を示すものですが、**表面的な勝率にこだわることはNG**なのです。

ファンダメンタルズ分析とテクニカル分析

FXには、経済動向や金融政策の動向から為替の値動きを予想する「**ファンダメンタルズ分析**」と、過去の価格推移を示すチャートを分析して値動きを予想する「**テクニカル分析（チャート分析）**」の2つがあります。

個人投資家がFXで稼ぐ上でより重要なのはテクニカル分析のほうです。

私はメガバンクの国内本店、海外支店で為替ディーラー業務を経験してきました。巨額のマネーを動かす機関投資家やヘッジファンドが重要視するのはファンダメンタルズ分析であり、経済や政治、金利動向を分析し、通貨の強弱を予測してマネーを投じていきます。

しかし、**個人投資家がファンダメンタルズ分析でプロと勝負するのは、情報収集力や組織力、資金力の点からも圧倒的に不利**であり、おすすめしません。

機関投資家クラスともなれば、超高学歴で優秀な人材が溢れかえり、世界中の情報を瞬時に得られる専用の情報端末「Bloomberg」等を使用しています。そんな人たちがチームとなって知恵を絞って為替を予想し投資を行っており、個人で勝負するには分が悪いと言えます。

ただ、機関投資家にも弱点があります。それは、投じる金額が巨額過ぎて小回りの利くトレードができない（または、しにくい）ということです。

また、金融機関のプロといえども所詮はサラリーマンなので、どんな難しい相場環境の時でもボーッと何もしないわけにはいかず、ノルマ達成のために成果を上げなければなりません。一方で、個人投資家は自分の得意とするチャートパターンが来るまで、**とことん「待つ」**ことができます。

つまり、テクニカル分析で**難易度の高いよくわからない相場は徹底的に「様子見」**をして、わかりやすい相場環境で優位性のある高勝率のポイントだけに絞ってエントリーすることで、プロをも上回るパフォーマンスを上げることが可能となるのです。

Chapter 1
心構え
3

チャート分析が有効な理由を知ろう

為替レートが変動する理由とは

そもそもどうして為替レートは変動するのでしょうか？
為替や金融の教科書には、以下のような要因がよく記載されています。

❶ ファンダメンタルズ要因：経済や金利動向
❷ 実需要因：実需企業による取引
❸ 政治的要因（地政学的要因）：政変や紛争
❹ テクニカル要因（心理的要因）：チャートポイントの攻防

いずれもそのとおりなのですが、これらは単に後付けでどうとでも説明することができ、より本質的な部分を理解する必要があります。
それは、レート（価格）は「**買いたい人と売りたい人の需要と供給のバランスで決まる**」ということです。レートは、買い手と売り手が同じレートで合意してはじめて売買が成立します。
もし、1ドル＝110.500円で買いたい人がいる一方で、110.501円以上でしか売りたい人がいなければ、売買は成立せず価格は変化しません。
その後、買いたい人は仕方なく目線を上げて、110.501円で買い注文（成行）を出すことで、110.501円以上で売買が成立しレートが上昇するのです。

投資家心理に関係ないチャート手法は意味なし

過去のレート推移を示すチャートは、過去にどこのレートで買いたい人と売りたい人の売買が成立したのかを示します。
つまり、チャートの裏には世界中の機関投資家やヘッジファンド、個人トレーダーの**売買の思惑**が詰まっており、チャートを読み解くことは、裏を返せば投資に参加しているすべてのプレイヤーの**投資家心理を読み解く**ことと同じ意味になります。
ここで、非常によくある勘違いとして、多数の複雑なインジケーターを使い設定値を最適化してカスタマイズさえすれば、まるで誰も知らないオリジナルの手法が生まれるかのような錯覚です。

確かに、高度な数理計算を駆使して、プログラムを組んで自動売買に取引させるアプローチを得意とする投資家もいますが、たいていの場合、うまくいきません。

なぜなら、一見高度に見える手法も、大衆心理とかけ離れてしまえば機能を失うからです。

それよりも、**ダウ理論**や**ライン**といった、**誰もが目に見えて平等に扱える手法で、投資家の心理や思惑が絡まった水準を見つけ出し、損切りや目線切り替えなどのスキを突いてトレード**するほうがよほど大衆心理に適合した手法となります。

損切りは「FX で稼ぐために必要なコスト」

FX は投資である以上、負けというリスクは避けられません。

負けといかに上手に付き合っていくかが、FX で資産をモリモリ増やしていく上で大事なことなのです。

FX で成功している人は、例外なく負け方が上手です。エントリー前にどこで損切りするかを明確にし、一度決めた損切り水準を遠ざけたり、損切りを消したりすることはありません。また、取ったリスクに見合うだけのリターンがあるのかも常に考えています。

一方で、FX で資産を減らし退場になる人は、**負けと向き合うことができずに失敗**します。「いつか戻るだろう」と神に祈り損切りをせず、負けてカッとなっては感情任せでトレードを繰り返します。

また、損切りはかなり大きいのに、取る利益は小さく、リスクとリターンが見合っていません。負けて悔しくない人間はいませんが、**損切りは「FX で稼ぐために必要なコスト」**と割り切ることが大事です。

ビジネスも、費用というコストを支払うことで費用以上の売り上げを上げて利益を残しますが、FX にも全く同じことが言えます。

FXは「負け」といかにうまくつきあっていくかが大事です。
成功しているトレーダーは皆、負け上手です！

Chapter 1
心構え
4

感情をコントロールする方法

感情に支配されないための売買ルールと徹底的な練習

FX をしていく上で、切っても切り離せないのが「感情」との付き合い方です。

大切なお金を投じる FX では、もっと稼ぎたい欲や、損を出したくない恐怖、思うように稼げない怒りなどが強く出るため、感情に支配されやすくなります。

感情を上手にコントロールするにはどうすればいいのでしょうか？

結論から言えば、人間である以上、**感情を完全に捨て去ることはできません。**なので、**感情の影響が FX に及ぶのを最小限に抑える**工夫をすることが大切です。

私が考える感情の影響を抑える方法は、

- **明確な売買ルールを身に付ける**
- **フォームが身に付くまで徹底的に練習をする**

です。

まず、**FX をしていて不安になる理由**は、自身の中に軸となる売買ルール、つまり手法が存在しないことが要因としてあります。ルールがないと、その時々の思い付きや雰囲気でトレードをしてしまい、規律をもったトレードができません。

自分の中にすがるルールがないので、精神も不安定になりやすいのです。

また、ルールがあったとしても、それを何のストレスもなく実施するためには、徹底的なフォームの練習が必要です。

スポーツと同じで、FX は来る日も来る日も、**手法の型が染みつくまで同じフォームの練習をする**ことが大切です。

メンタルを安定的に保つ秘訣とは

人間である以上、FX で**負けが続いた時はどうしてもメンタルが不安定になります。**そんな時は、無理に FX で負けを取り戻そうとせず、一度相場から離れて気持ちをリフレッシュすることが有効です。

FX 以外の小説を読んだり、スポーツをしたり、自分の趣味に取り組むのも良いでしょう。ただ、FX で稼ぐと決めた以上は、いつかは FX を再開しなければいけません。

ここで、FX への情熱の火を絶やさないためにも、私自身も未だに実践しているおすすめの方法は「**目標を視覚的にイメージする**」ことです。

これは「**夢手帳**」と言われ、あらゆる分野で成果を上げている多くの成功者が実施しています。

ちなみに、私は大学院生時代にこの夢手帳の存在を知り試しに実施しましたが、32 歳の現在までに「宇宙に行く」以外の目標はほぼすべて実現しています。

私の夢の一例：

- 金融分野の高度な専門性
- 海外の金融都市に駐在して外国人と働く
- 年収○千万円超、資産○億円超、高級タワマンに住む
- 目覚まし不要な時間的自由を手にする、など。

夢手帳の作り方はとても簡単です。

将来、FX で稼いだお金で、何をしたいのかを具体的に紙に文字で書き出すだけです。文字に加えて、写真やイラストがあるとよりイメージが湧くのでおすすめです。

そして、空いた時間に夢手帳を眺めると、「いつかこの目標を自分が達成するんだ！」という気持ちが高まり、潜在意識の中に働きかけられるので、目標に向けて自然と行動に移すことができます。

一見すると胡散臭い話ですが、知り合いの億投資家も、メガバンク時代の上司や同僚もこの方法を実施していたので、一度、試してみるといいでしょう。

Chapter 1
心構え
5

トレード環境を整備する

付き合う人間関係を見直す

FX で稼いで成功するためには、トレードに専念する環境を整備することも大切です。環境には大きく「ヒト」「モノ」「情報」の３つがあります。そして、人生を劇的に変えたい方は、まずは**付き合う人を変えてみる**のがおすすめです。

よく言われる言葉に、**「自分の周りにいる 10 人の平均年収が自分の年収になる」**という**「つるみの法則」**があります。

類は友を呼ぶと言われますが、人間は自分と似たような趣味・志・収入・経歴の人と一緒にいます。なぜなら、一緒にいて心地よいと感じるからです。

しかし、現状に満足せず、もう一段、自分のレベルを上げたければ、自分が目指す人間と一緒に過ごすか、それが難しければ書籍や YouTube などでも良いと思うので、その方の情報を集中して仕入れるようにしてください。

FX におすすめのパソコンとは

トレードに専念するために、快適なモノの環境を整えることも大事です。トレードで最も肝心なツールであるパソコンに関しては、専業なのか兼業なのかでおすすめは変わります。

専業の方や専業を目指す方であれば、**高性能なデスクトップ PC** が断然おすすめです。大手電機メーカーの家庭用 PC は無駄なソフトが多く、それでいて値段も高いので、私は「マウスコンピューター」のデスクトップ PC を使っています。

そして、「グラフィックボード」を搭載することで、1 台の PC で４枚のディスプレイを同時に使用できるようにしています（パソコン専門ショップなどに行けばこのような

筆者のトレード環境、４つのモニターでトレードしている。

PCをカスタマイズしてもらえます)。

一方で、兼業トレーダーの方は、専業の方に比べてチャートを見る時間が取れないので、デスクトップでもノートPCでもどちらでも良いでしょう。

PCは古いものを使うと、チャートがフリーズするなど致命的なトラブルにつながるので、できる限り最新のPCを購入したほうがいいです。

より詳しい筆者のトレード環境が知りたい人は、ブログ記事(https://fx-megabank.com/fx-basic/trader-pc/)をご覧ください。

FXにおすすめのチャートソフトとFX会社

チャートはFXをする上で重要な武器であり、性能が悪いチャートを使うとそれだけで不利になるので極めて慎重に選ぶ必要があります。

私は今まで20種類以上のチャートを使ってきましたが、その中で、現在メインで使っているのが「**MT4(メタトレーダー4)**」です。

MT4はロシア企業が開発した、取引も一緒にできるチャートソフトで、高性能なことに加えて自由自在にチャートをカスタマイズできます。

そして、MT4に対応しているFX会社の口座開設をすることで、無料ですべての機能が利用できます。

FX口座は開設手数料・維持費・年間費は一切かかりませんから、初心者の方でも安心して利用することができます。

MT4に対応したFX会社は、

ゴールデンウェイ・ジャパン
YJFX!
楽天FX
OANDA

などがあります。

各社の特徴やメリット・デメリットは、

筆者のブログ記事(https://fx-megabank.com/mt4/chart/)

をご覧ください。

また、MT4は人によって合う・合わないがありますので、それ以外の**FX会社について比較検討**したい方は、別記事

(https://fx-megabank.com/fx-company/recommended-fx-company/)

をご覧ください。

Chapter2

チャート分析 相場環境認識編

Chapter2ではトレードの最初のステップである「相場環境認識」の方法について解説します。上位足でトレンド判断とレジサポ認識をし、「買い・売り・様子見」の中から適切な選択肢を選びます。

Chapter 2
基礎知識
0

相場環境認識がトレードの第1ステップ

トレードで一番最初に行うことって？

トレードをする際に、最初に行うべき分析は「**相場環境認識**」です。

相場環境認識とは、一言で説明すると**現在の相場がどんな状態であるのか**を分析する最初のステップで、大きく以下の３つがあります。

相場環境の３つの認識

- ❶ **トレンドの認識**
- ❷ **サポート及びレジスタンスの認識**
- ❸ **ファンダメンタルズの認識**

トレンドを見極める

トレンドの認識とは、現在の相場が

上昇トレンド
下降トレンド
横ばい（レンジ）

のどのトレンドにあたるのかを認識することです。

その上で、上昇トレンドであれば「**買い**」、下降トレンドであれば「**売り**」、横ばいであれば基本的に「**様子見**」の選択肢を取ることになります。

相場環境

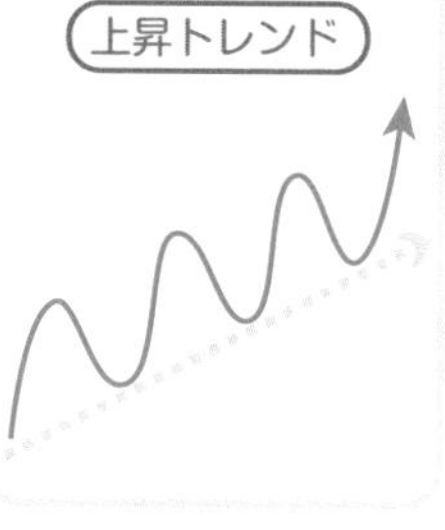

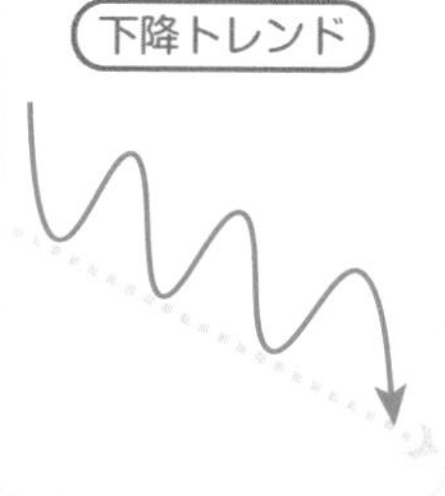

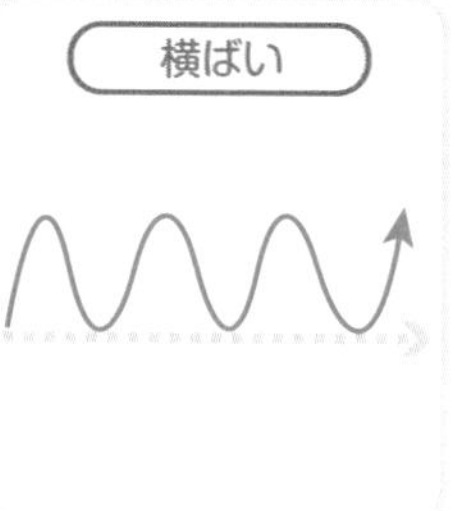

取　引

買い（ロング）　売り（ショート）　様子見（何もしない）

サポートライン、レジスタンスラインはどこに？

現在のトレンド認識に加えて、トレンドの障害となる**サポートライン**や**レジスタンスライン**がどの価格水準に存在するかを認識することも相場環境認識の一部です。

例えば、現在のトレンドが上昇トレンドであったとしても、現在レートの少し上にレジスタンスライン（抵抗線）があった場合、買いエントリーは見送るかレジスタンスラインを上抜けした後に仕掛けたほうが得策と言えます。

なぜなら、**買いエントリー後にすぐ上のレジスタンスラインで反転**してしまうリスクがあるからです。

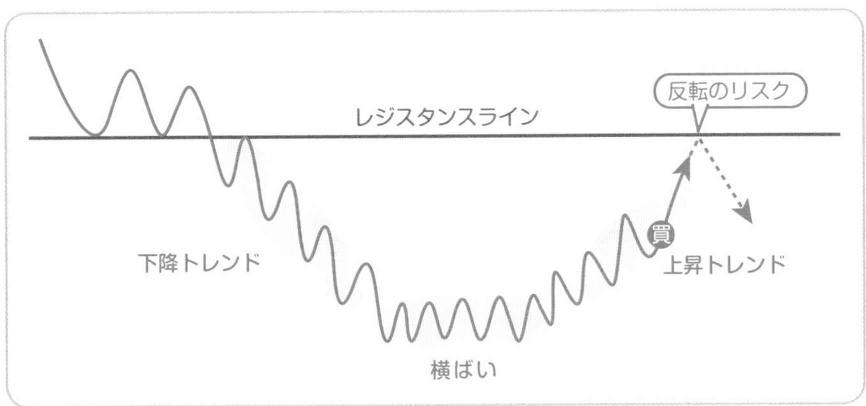

いま、経済、金融、政治の状況は？

ファンダメンタルズでは、経済指標や金融政策会合などのイベントスケジュールを把握することや、**経済や金融政策などによる主要なトレンドを分析**することも環境認識です。

例えば、相場環境がリスクオフで円買い圧力が強まっている状況下、それらをまったく認知せずに円売りを仕掛けるのは極めてリスクが高いと言えます。

トレンドを判断する方法はテクニカル分析を使う

現在の相場がどんなトレンドなのかを判断する方法は多々あります。

例えば、テクニカル分析の元祖とも言われる「**ダウ理論**」、過去一定期間の平均価格を結んだ「**移動平均線**」、ボラティリティの概念を取り入れた「**ボリンジャーバンド**」、日本発のテクニカル分析である「**一目均衡表**」などです。

相場の世界に正解がない以上、どのテクニカル分析が一番有効なのかを議論することにあまり意味はありません。重要なのは、**自分が一度決めた方法を最後まで一貫して貫き通すこと**です。ある時は移動平均線でトレンド分析をし、またある時はボリンジャーバンドで分析をしているようでは、自分の都合のいい解釈しかできず偏りが生じてしまいます。

本書では、練習の観点から、実践で使いやすいダウ理論を取り上げ、トレンド判断の方法についてトレーニングを積んでいただきます。

ダウ理論によるトレンド判断の方法について

ダウ理論とはチャールズ・ダウが提唱した市場の値動きを評価するテクニカルの理論で、以下の「**6つの基本原則**」で構成されています。

❶ 価格（平均株価）は全ての事象を織り込む
❷ トレンドは短期・中期・長期の３つに分類される
❸ 主要なトレンドは３つの段階から形成される
❹ 価格は相互に確認される必要がある
❺ レンドは出来高でも確認される必要がある
❻ トレンドは明確な転換シグナルが出るまで継続する

この中でトレンド判断にて使用する特に重要な原則が、6番目の理論である「**トレンドは明確な転換シグナルが出るまで継続する**」です。

ダウ理論では、上昇トレンドは**主要な高値と安値がそれぞれ切り上がり**、下降トレンドは主要な**高値と安値がそれぞれ切り下げる**、と定義されます。

言葉で表すと非常にシンプルですが、実はかなり奥が深い理論です。

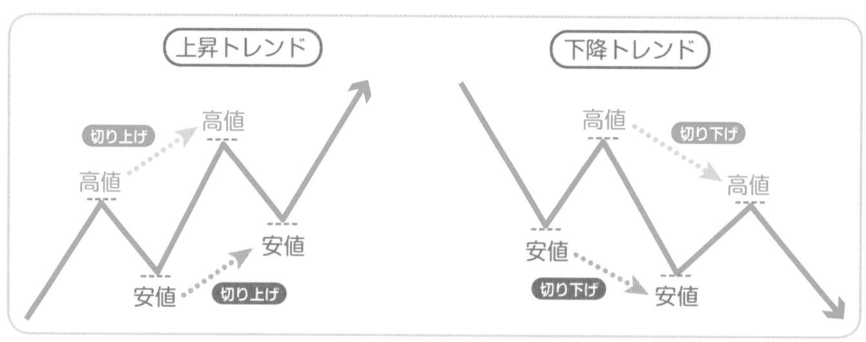

転換シグナル

そして、そのトレンドが**明確な転換シグナル**が発生しない限り続いているとみなします。

ここで言う明確な転換シグナルとは何でしょうか？　これは、**上昇トレンドにおいて安値が切り下がる、下降トレンドにおいて高値が切り上がる**場合を指します。

つまり、上昇トレンドにおいて高値が切り上がる一方で安値が切り下がった場合、上昇トレンドが崩壊しレンジ相場になったとみなせます。

同様に、下降トレンドにおいて安値が切り下がる一方で高値が切り上がった場合、下降トレンドが崩壊しレンジ相場になったとみなせます。

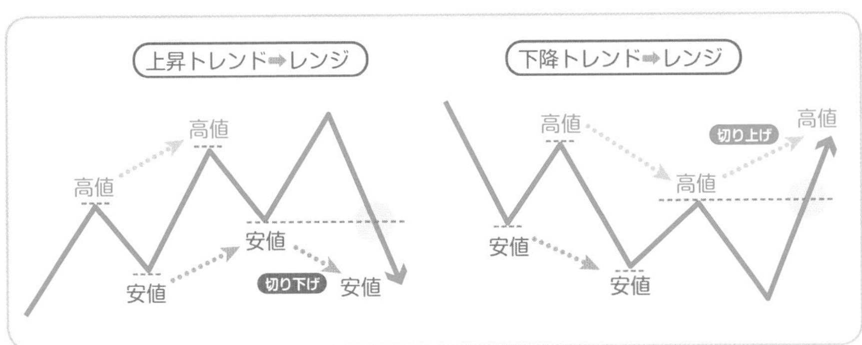

上位足で相場環境認識をして下位足でエントリーを狙う

トレードの基本として、1 種類の時間軸のチャートだけを分析してトレードをするのではなく、**複数の時間軸のチャートを分析して戦略を立てる**ことが有効です。

この複数の時間足を分析することを**「マルチタイムフレーム分析」**と言い、多くのテクニカルトレーダーが使っています。

そして、トレードの流れは、次のとおりです。

❶ 時間軸が長い上位足で相場環境認識を行い

❷ 時間軸が短い下位足でエントリーポイントを探す

では、どの時間軸のチャートを使えばいいのでしょうか？

これはトレードスタイルによって分かれます。

この時間軸でなくてはならないというルールはありませんが、次の表が各トレードスタイルに応じた上位足と下位足の目安となります。

　ご自身の生活リズムや FX に費やせる時間などと相談し、ストレスなく取引できるトレードスタイルを確立していきましょう。

トレードスタイル	上位足	下位足
長期トレード 数か月〜数年	月足 週足	日足
スイングトレード 数日〜数週間	週足 日足	4時間足 1時間足
デイトレード 1日	日足 4時間足 1時間足	30分足 15分足 5分足
スキャルピング 数分〜1 時間程度	1時間足 30分足	5分足 1分足

Chapter 2
演習問題 1

上位足のレジスタンス・サポートを認識しよう

Q 日足で現在の相場環境認識を行い、トレンド判断と、サポートラインとレジスタンスラインを引いてください。このとき、1時間足で買いエントリーは狙えますか？

上位足 米ドル/円 **日足**チャート（2019年3月8日～2019年9月23日）

下位足 米ドル/円 **1時間足**チャート（2019年7月19日～2019年7月30日）

日足において、安値はe→fと切り上げていますが、高値はc→dと変わらずのためレンジ相場です。更に、レジスタンスラインⒶが引けて、反転リスクが高いため買いは控えるべきと言えます。

上位足 米ドル/円　日足チャート（2019年3月8日〜2019年9月23日）

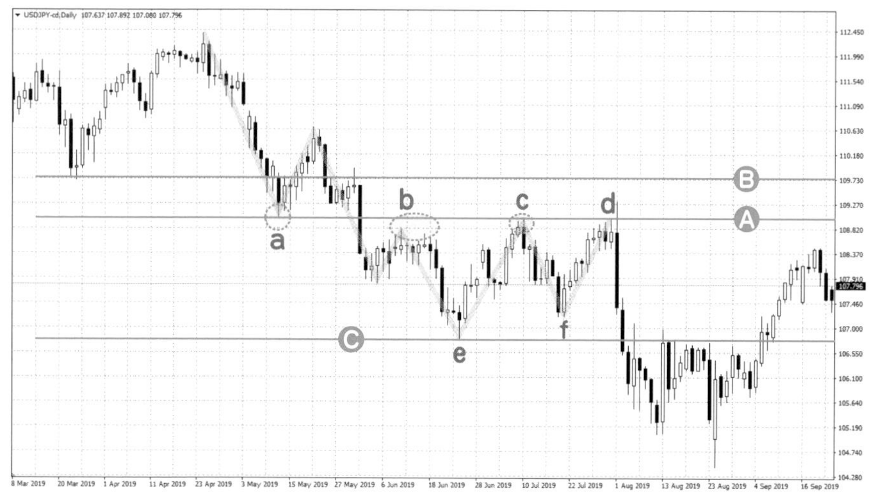

下位足 米ドル/円　1時間足チャート（2019年7月19日〜2019年7月30日）

1時間足で好機でも、日足ではリスクあり

1時間足を見ると、強い上昇トレンドが続いており、1時間足チャートのみを見れば買いの好機であると思えます。しかし、**日足のトレンド**を確認すると、**ダウ理論では上昇トレンドの状態とはなっておらずレンジ相場**です。

更に、日足にて安値aと高値bとcを結んで**レジスタンスライン**Ⓐが引けます。日足レベルで意識されている非常に強力なラインと言え、かつレジサポ転換も起きているため、今後もレジスタンスラインⒶで**反転するリスクを警戒**するべきです。

よって、トレンドもレンジ相場である他、レジスタンスもすぐ上に位置しており、1時間足で買いエントリーを狙うのは避けるべき局面と言えます。

その他、同様に**レジスタンスライン**Ⓑが引けており、仮にレジスタンスラインⒶを上抜けしたとしても、またすぐ上に障害があり跳ね返されるリスクがあります。このような**売り圧力が強い価格帯がすぐ近くにある場合**は、ファンダメンタルズ的な新規材料が出ない限り、買いを仕掛けるトレーダーは少ないと想定されます。

ちなみに、レジスタンスラインⒶを根拠に逆張りで売りを仕掛けた場合は、サポートラインⒸが利益確定の水準になります。

ダウ理論の波形はレンジ相場となっている

ここで**ダウ理論のトレンド判断**について理解を深めましょう。

ダウ理論では上昇トレンドは高値と安値のそれぞれの切り上げ、下降トレンドは高値と安値のそれぞれの切り下げがあり、はじめてトレンドと認識できます。

今回のチャートでは、下図左側のように、安値はe→fと切り上げていますが、高値はc→dと変わらず、上昇トレンドではありません。もし、ダウ理論で上昇トレンドとみなすためには、**高値dが高値cを上抜けて切り上がることが必要**です。

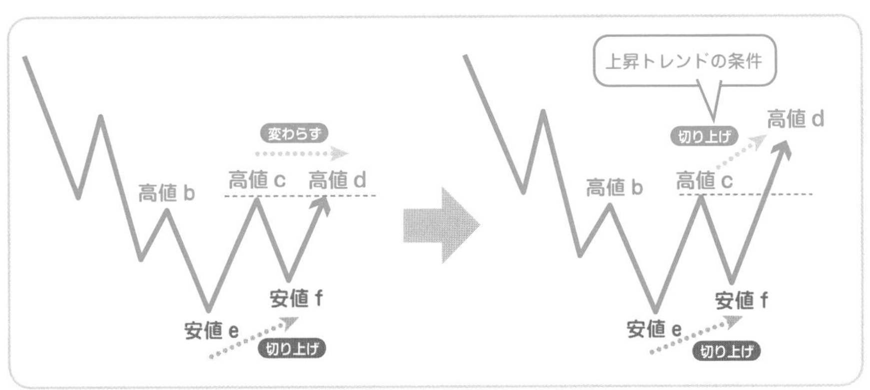

注）高値 d の次のローソク足で、高値を長い上ヒゲで更新しており上昇トレンドとなっています。しかし、問題の時点では高値更新前であり、レジスタンス突破の可能性も不明確な「**レンジ相場**」となります。

レジスタンスラインとサポートライン

非常に基本的なところですが、高値と高値を結んで現在レートよりも上に引ける線が**レジスタンスライン（抵抗線）**、安値と安値を結んで現在レートよりも下に引ける線が**サポートライン（支持線）**です。

レジスタンスは上昇を抑える壁として機能し、サポートは下落を支える台として機能します。

水平線を引かずにトレードはできないと言っても過言ではないほど重要なので、必ずチャートに水平線を引く習慣を身に付けましょう。

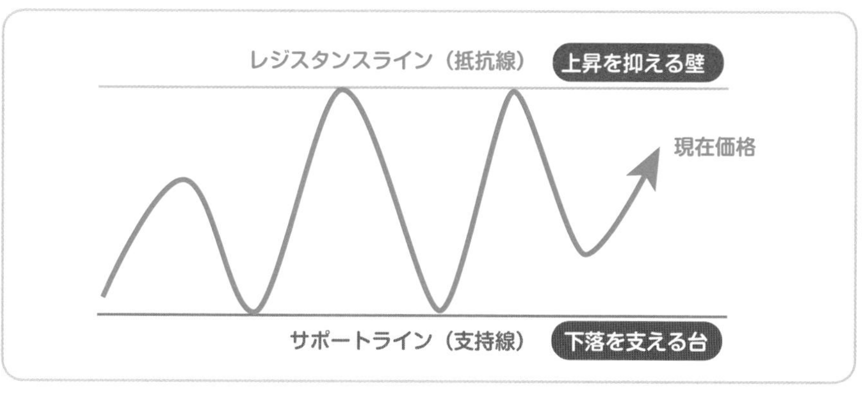

Chapter 2

演習問題

2

水平線上で発生する プライスアクションに着目しよう

Q 上位足の日足で相場環境認識を行い、トレンド判断と現在レートの上下に水平線を引いてください。この時、下位足では買いと売りのどちらを狙うべきですか？

上位足 米ドル / 円　**日足**チャート（2016 年 9 月 28 日〜 2017 年 5 月 3 日）

下位足 米ドル / 円　**1 時間足**チャート（2017 年 3 月 2 日〜 2017 年 3 月 10 日）

日足において、高値は f → d と切り上げていますが、安値は e → g と変わらず、レンジ相場と認識できます。また、すぐ上にレジスタンスラインⒶが引けることに加え、高値 d では長い上ヒゲの陰線が発生しており、売り圧力が強いと判断できます。よって、買いは控え、様子見をするべき相場環境と言えます。

上位足 米ドル / 円　日足チャート（2016 年 9 月 28 日〜 2017 年 5 月 3 日）

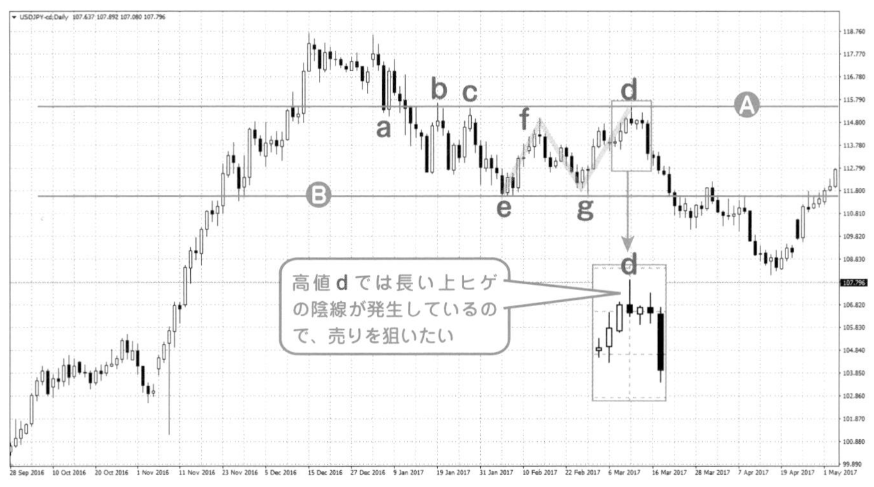

下位足 米ドル / 円　1 時間足チャート（2017 年 3 月 2 日〜 2017 年 3 月 10 日）

レジスタンス＆長い上ヒゲ陰線から下落を警戒するべき

まずは**ダウ理論**で日足のトレンドを整理しましょう。

高値 f → d と切り上げていますが、安値 e → g は同水準であり**日足はレンジ相場**です。

上昇トレンドとみなすためには、**高値と安値がそれぞれ切り上がる必要**があり、下図のように安値 g′ をつけて高値 d を上抜けすれば**上昇トレンド**となります。

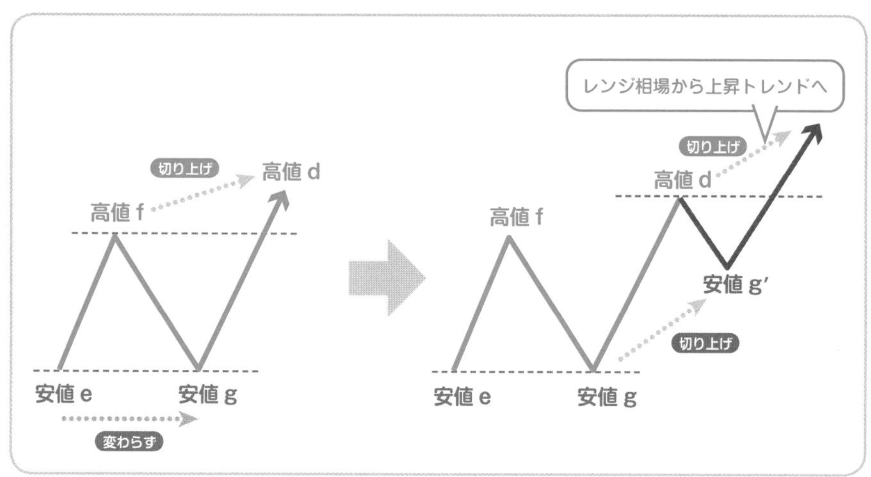

高値 d には、高値 b と c を結んで引ける**レジスタンスライン**Ⓐがあります。過去にも、安値 a で 1 回反転し、**レジサポ転換**（レジスタンスとサポートの機能逆転）が起きており、強力な抵抗帯として機能しています。

それに加え、高値 d で発生しているローソク足は**長い上ヒゲ付きの陰線**となっており、買い勢力がレジスタンス突破を試みるも、攻防の結果、**売り勢力に敗北**した形となっています。

日足の相場環境を整理すると、トレンドは**レンジ相場**であり、すぐ上にレジスタンスラインⒶが存在し、長い上ヒゲのローソク足が発生していることから買いは論外です。

レンジ相場なので**様子見が最適**ですが、積極的に取引をするなら**売りを仕掛けるべき局面**と言えます（この場合は逆張りの取引となります）。

売りを入れた場合、安値 e と g を結んで**サポートライン**Ⓑが引けるので、ここが**利益確定の目安**となります。

ローソク足のプライスアクションで展開を予想しよう

ローソク足は買い勢力と売り勢力の攻防の結果から成り立つので、重要なプライスアクションを読み取ることで、投資家の心理状態や将来の値動きを予想することができます。

基本的なことですが、為替レートは買いたい人と売りたい人の需給バランスで動きます。ローソク足が動いたということはそのレートで売買が成立したということです。

では、下図のようにレジスタンスライン付近で**上ヒゲの陰線が発生**した時、背景にどんな攻防が繰り広げられたのでしょうか？

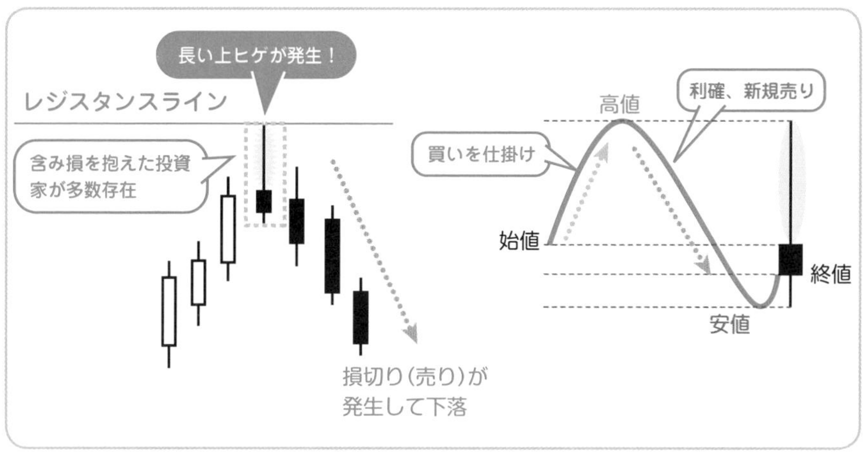

レジスタンスラインの上抜けを予想した**積極的な投資家が買いを仕掛け**、レートはレジスタンスまで上昇しました（高値）。しかし、結局、利益確定の売りや新規売りを仕掛ける投資家の**売り圧力に負け、レートは下に戻されて長い上ヒゲが発生**しました。

ここでポイントは、ヒゲが発生した価格帯にも**買いを仕掛けた投資家が存在**しているということです。そして、残念ながらその投資家たちは皆、**含み損**を抱えています。

レジスタンスで跳ね返され、長い上ヒゲの発生を確認すれば、自分の判断が誤りだったことに気づき、逃げ足の速い人から損切りの売りを実施します。

これにより、**レートは下落トレンドへと転換**するのです。

Chapter 2

演習問題 3

トレンド転換は常に教科書通りになるとは限らない

Q 日足で相場環境認識を行い、トレンド判断と水平線を３本引いてください。この時、１時間足では売りと買いどちらを狙うべきですか？

上位足 ユーロ / 米ドル　**日足**チャート（2017 年 11 月 9 日〜 2018 年 6 月 13 日）

下位足 ユーロ / 米ドル　**1 時間足**チャート（2018 年 4 月 20 日〜 2018 年 4 月 30 日）

日足において、高値e→g、安値f→hと切り下げているので下降トレンドです。また、**レジスタンスⒷ**で何度も上値を抑えられ、その後に**サポートⒶ**を下にブレイクしており、売りを狙う場面です。ただし、すぐ下に新たな**サポートⒸ**があるため反発を警戒して利益確定の目安となります。

上位足 ユーロ／米ドル　**日足チャート**（2017年11月9日～2018年6月13日）

下位足 ユーロ／米ドル　**1時間足チャート**（2018年4月20日～2018年4月30日）

高値・安値の切り下げに加え、主要なサポートもブレイク

日足において、ダウ理論から**高値の切り下げ**（e → g）、**安値の切り下げ**（f → h）がそれぞれ起きているので**下降トレンド**と認識できます。

また、安値 a と b を結んで引ける**サポートライン（A）をブレイク**しており、売り目線が強まっているとわかります。

つまり、日足の相場環境において、下降トレンドと判断できることに加え、障害となるサポートも抜けたばかりなので、**下位足にて売りを狙う局面**と言えます。

今回の相場環境認識は非常にわかりやすかったですね。

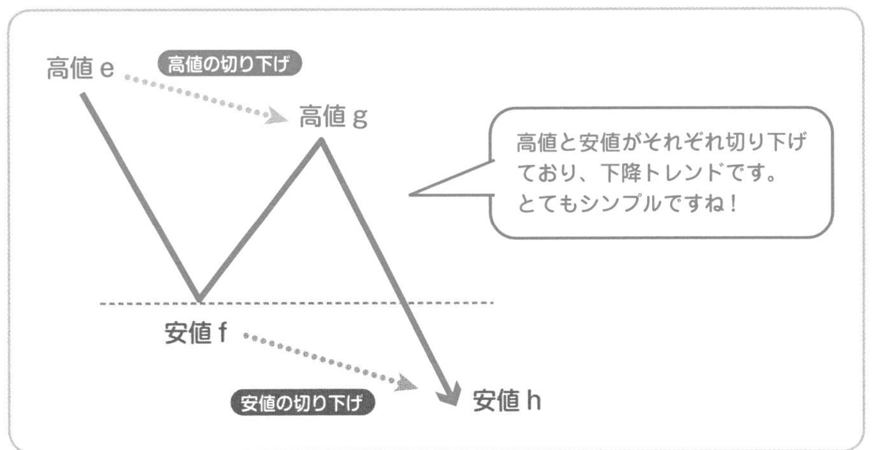

また、売りを狙う際には、必ず上位足において次の**反発が想定されるサポートの水準を認識しておく必要があります。**

すると、高値 c と安値 d を結んで引ける**サポートラインⓒ**が見つかるので、利益確定を検討する価格帯となるわけです。

（今回はⓒのサポートラインも更に下に抜けて下降トレンドが継続しています。）

ボックスはブレイクの方向にトレンドが発生する

今回のチャート上には、実践の場面でも頻繁に発生する大切な要素がいくつも詰まっています。

サポートラインⒶと、高値 a′ と b′ を結んだ**レジスタンスライン**Ⓑに囲まれた領域が「**ボックス**」と呼ばれる値動きです。

日足チャートなので、約３カ月と非常に長い間このボックス内で推移していたことになります。

ボックス内では売買が交錯し、主要なトレンドが発生していないことを意味しますが、**一度ボックスを抜けると、今度はその方向に新たなトレンドが発生**することが多くなります。

今回も、抜けた方向にトレンドが発生（**下降トレンド**）していますね。

また、今回のように安値 b で上に反発してしまい、教科書通りのダブルトップが完成せず、その後しばらくもみ合った末、最終的に**ネックライン**Ⓐ**を割り込んで上昇トレンドから下降トレンドへ転換する**ケースもよくあります。

きれいな形にならないチャートパターンも多数あることも意識しておきましょう。

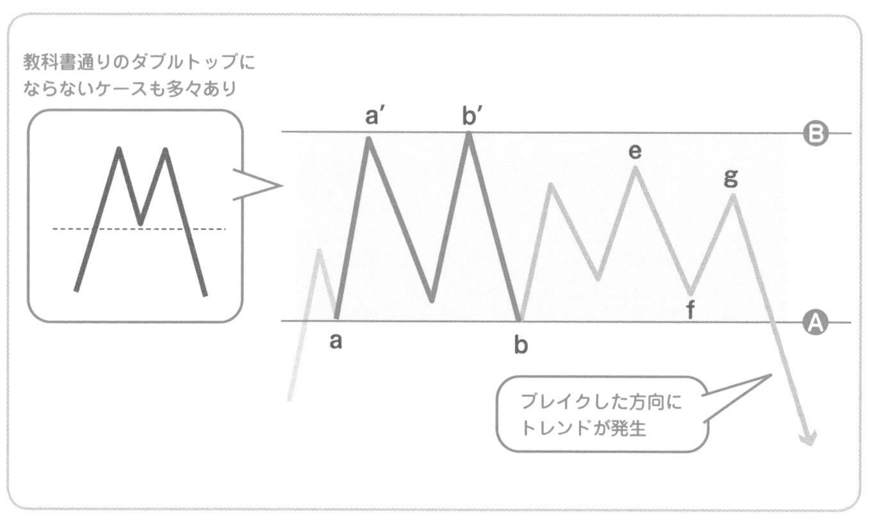

Chapter 2
演習問題
4

複数のラインが重なる箇所は絶好の売買ポイント

Q 日足で現在の相場環境認識を行い、トレンド判断と、水平線・トレンドラインを引いてください。この時、1時間足ではどんな選択肢が適切でしょうか？

上位足 ユーロ/米ドル　日足チャート（2019年4月5日〜2019年11月4日）

下位足 ユーロ/米ドル　1時間足チャート（2019年9月9日〜2019年9月17日）

日足のトレンドは、高値 c → e、安値 d → f と切り下げているので**下降トレンド**です。また、高値 a-c-e-g を結んで**下降トレンドライン**Ⓐが引けるほか、ⒷとⒷ' の間に**抵抗帯**が存在するため、売りが適切な選択肢となります。

上位足 ユーロ / 米ドル　**日足**チャート（2019 年 4 月 5 日～ 2019 年 11 月 4 日）

下位足 ユーロ / 米ドル　**1 時間足**チャート（2019 年 9 月 9 日～ 2019 年 9 月 17 日）

トレンドラインと水平線の重なる箇所は絶好の売買ポイント！

トレードをする際には、**上位足で相場環境認識**を行い、トレンドの判断とレジサポの位置を把握してから**下位足でエントリーポイントを選定**していきます。

ここで、認識しているかどうかで大分差が出るのが「**トレンドライン**」です。

今回の日足チャートでは、高値 a を起点に、c-e-g と結んで**下降トレンドライン**が引けます。

1 時間足やそれより下位の時間足だけを見ていたら、この存在に気付くことはできません。

上位足で意識される下降トレンドラインの存在に気付かず買いを仕掛けたら、不利なトレードとなることは言うまでもないでしょう。

また、**トレンドラインは水平線と組み合わせて使用**することで、更に勝率を高め手堅いトレードが実現できます。

例えば、下図のように高値 a-c-e-g を結んだ下降トレンドラインと、安値 b と d を結んで水平線が引けた場合、**下降トレンドラインと水平線が交わる領域は強力な抵抗帯**として機能します。

つまり、よほど買いが強くない限り、この抵抗帯を突破することは難しく、レートが下へ反転する可能性が高い絶好の売りポイントとなるのです。

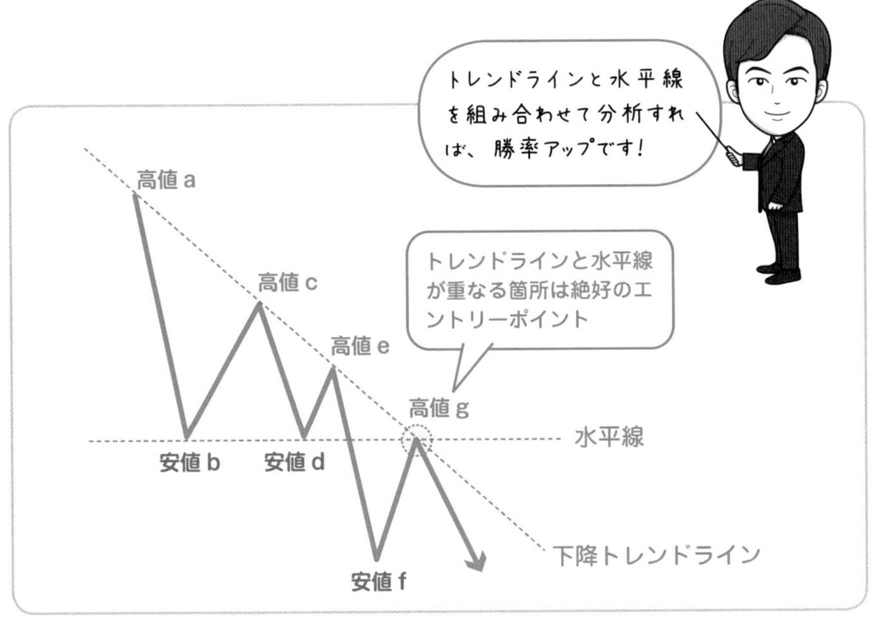

上位足のラインは帯（ゾーン）でとらえましょう！

誰でも簡単に引ける水平線やトレンドラインですが、チャート上にたくさん引きすぎたり、ピッタリ引けずに**どのラインを信用していいのか混乱**したりする人もいると思います。

特に、週足や日足、4時間足といった期間が長い時間足では、ラインがローソク足上でピッタリと引けることはあまりありません。

これは、**上位足になるほど、テクニカル分析だけで取引する投資家が減り、ファンダメンタルズを重視する機関投資家や実需筋の取引の影響を受ける**からです。

ただ、「ラインはピッタリ引けないけど、なんかサポートやレジスタンスがありそうだな……」というケースもよくあります。

このような時は、ライン1本でサポートやレジスタンスを捉えるのではなく、**複数のラインで囲まれた領域を支持帯・抵抗帯といったゾーンで捉える**ことが有効です。

今回のケースでも、レジスタンスⒷ'とⒷで囲まれた領域が価格の上昇を抑える抵抗帯として機能していることがわかります。

抵抗帯が認識された時、反転の可能性があるのでその付近で買いを仕掛けるのはリスクが高いと判断できます。

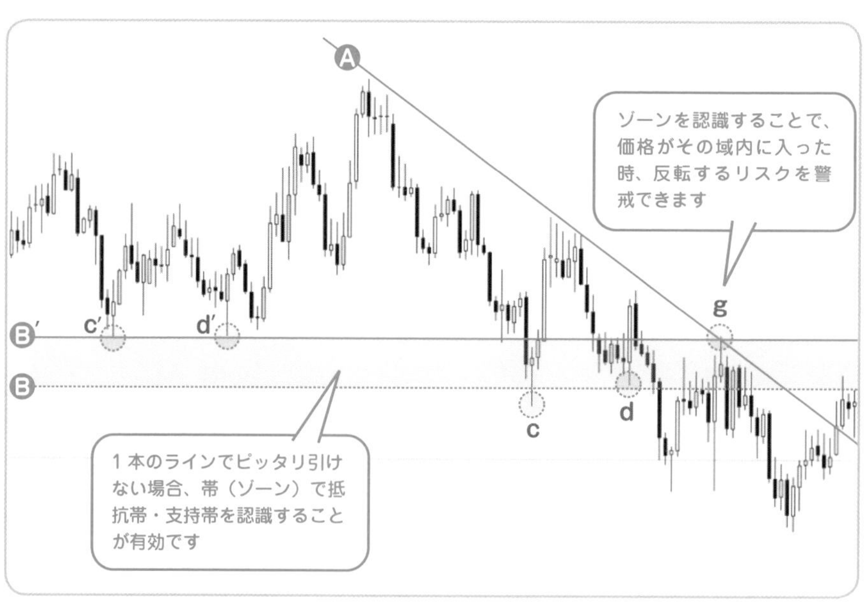

Chapter 2
演習問題
5

反転パターンの完成を認識すれば選択肢は一択のみ

Q

4時間足で相場環境認識を行い、トレンド判断と、水平線を引いてチャートパターンを確認してください。この時、30分足では買いと売りのどちらを狙うべきですか？

上位足 米ドル／円　**4時間足**チャート（2018年9月13日～2018年10月18日）

下位足 米ドル／円　**30分足**チャート（2018年10月5日～2018年10月10日）

4時間足にて、サポートラインⒶを割って反転パターンの「ヘッドアンドショルダー」が完成しており、上昇トレンドから下降トレンドへの転換が予想できます。よって、下位足にて売りを狙う場面です。

上位足 米ドル / 円　4時間足チャート（2018年9月13日〜2018年10月18日）

下位足 米ドル / 円　30分足チャート（2018年10月5日〜2018年10月10日）

ヘッドアンドショルダーを知らずしてトレードは致命的！

上位足にて、トレンド判断やレジスタンス・サポートの認識に加えて、**チャートパターンの確認も重要**です。

チャートパターンとは、チャート上に発生する特定の形のことで、「**このような形になれば今後こう動く**」と予想できるものです。

今回は４時間足チャートにて、頭 **d**、左肩 **b**、右肩 **f** の**ヘッドアンドショルダーが完成**し、上昇トレンドから**下降トレンドへの転換を示すシグナル**となっていました。

ヘッドアンドショルダーが完成した状況下、**買いの選択肢はあり得ません。**

つまり、その形を知っているかどうか、認識できたかどうかで、その後に採るべき選択肢は自ずと決まってくるのです。

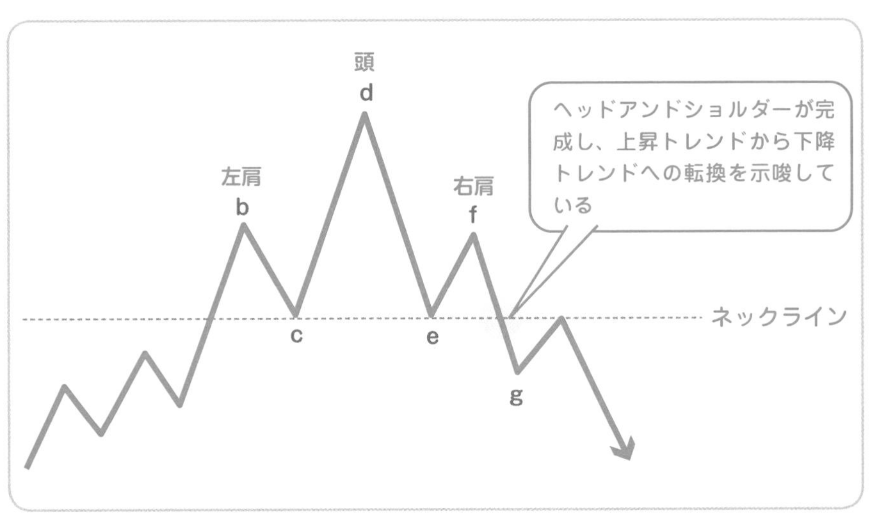

仮に今回の４時間足チャートでヘッドアンドショルダーを見逃したとしても、**ダウ理論**から**高値 d → f、安値 e → g とそれぞれ切り下げ**ており**下降トレンドと判断**できます。

安値 **c** と **e** を結んで引けるサポートラインを下にブレイクしていることからも、**売りが選択肢**となります。

ヘッドアンドショルダーを
認識できれば
トレードはかなり有利に
進められます！

チャートに頻出するチャートパターンを覚えましょう！

ヘッドアンドショルダー以外の重要な反転パターンは次の「**トリプルトップ（ボトム）**」「**ダブルトップ（ボトム）**」などがありますので、ここで押さえておきましょう。

◆頻出するチャートパターン（反転パターン）

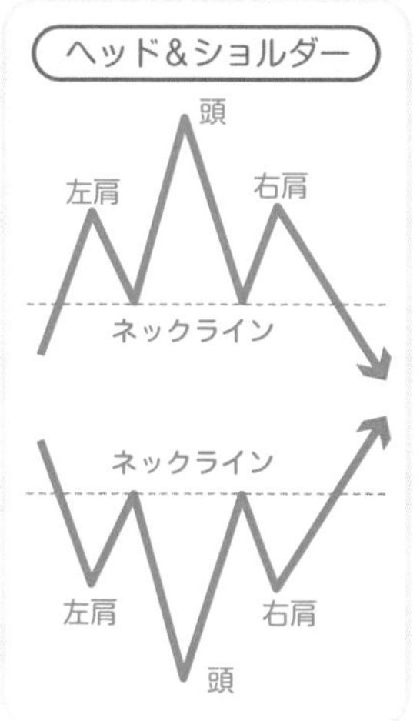

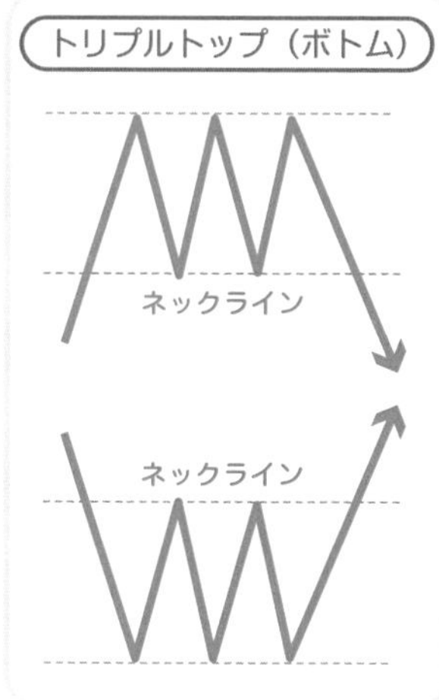

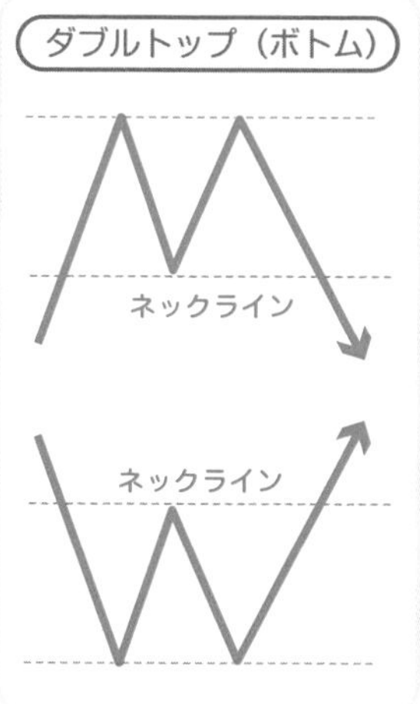

また、反転パターンと同時に押さえておきたいパターンに「三角保(も)ち合い」があります。形状は次図の通りです。

◆頻出するチャートパターン（三角保ち合い）

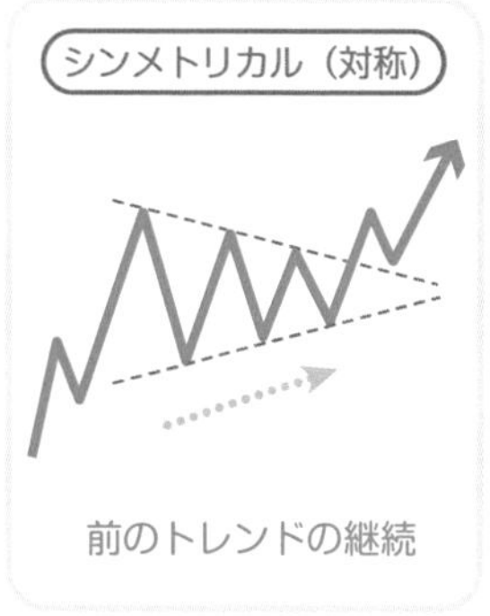

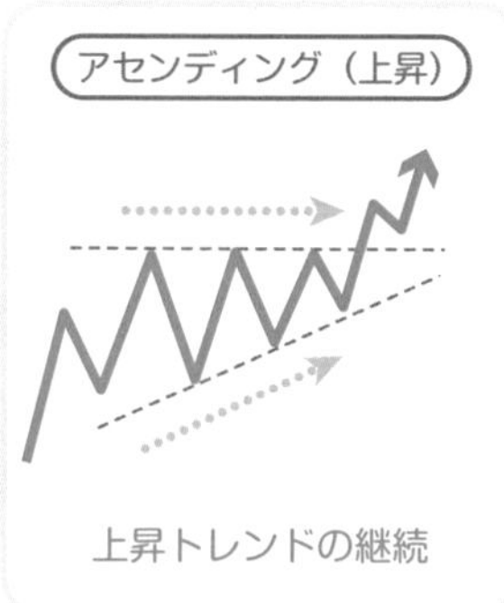

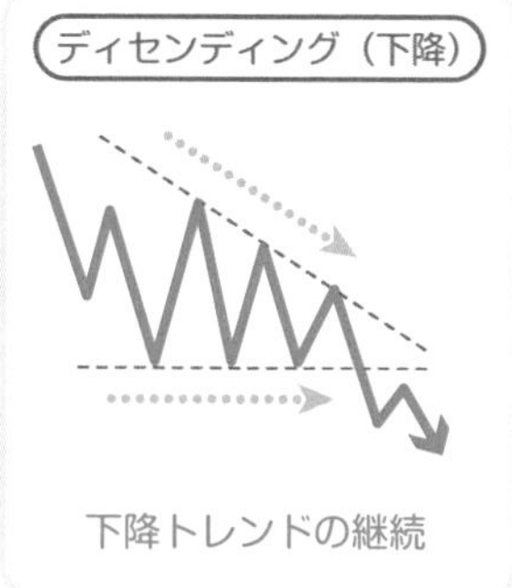

Chapter 2

演習問題

6 ダウ理論でトレンド転換を判断するやり方

Q

4時間足にて相場環境認識を行い、トレンド判断と水平線を引きチャートパターンを確認してください。この時、30分足で狙うべきは買いと売りどちらですか？

上位足 米ドル/円　**4時間足**チャート（2019年3月7日〜2019年4月11日）

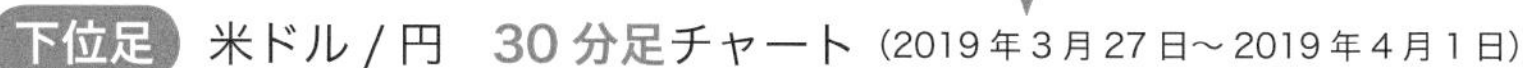

下位足 米ドル/円　**30分足**チャート（2019年3月27日〜2019年4月1日）

4時間足にて、**逆ヘッドアンドショルダー**が完成しています。また、直前のローソク足が**サポートラインⒶで反発**して長い下ヒゲを発生しており、**レジサポ転換からの上昇**を予想する場面。つまり買いを狙う局面です。

上位足 米ドル / 円　**4時間足**チャート（2019年3月7日～2019年4月11日）

下位足 米ドル / 円　**30分足**チャート（2019年3月27日～2019年4月1日）

逆ヘッドアンドショルダー完成で上昇トレンド発生！

４時間足チャートにて**ダウ理論でトレンド判断**をすると、高値 d → f、安値 c → e とそれぞれ切り上げており**上昇トレンド**と認識できます。

また、下降トレンドから上昇トレンドへのトレンド転換を示唆する逆ヘッドアンドショルダーが水平線Ⓐを上抜けて完成。

更に、**水平線Ⓐ上にてローソク足が長い下ヒゲを付けて反発**しており、レジサポ転換からの上昇を予想でき**買い**を狙っていきたい場面です。

レジサポ転換は絶好の売買ポイントとなる

水平線で押さえておくべき特徴に、「**レジサポ転換**」（別名**ロールリバーサル**）があります。これは、一度サポート（またはレジスタンス）をブレイクすると、その機能が逆転することです。

例えば、下図のように最初にレジスタンスラインが引け、そのラインを上に抜けた時、今度はレートの下落を下支えするサポートラインとして機能します。

サポートで反発後は上昇トレンドになるケースが多く、売買ポイントとしても有効なので、FX トレードでは最も大事な原則の１つです。

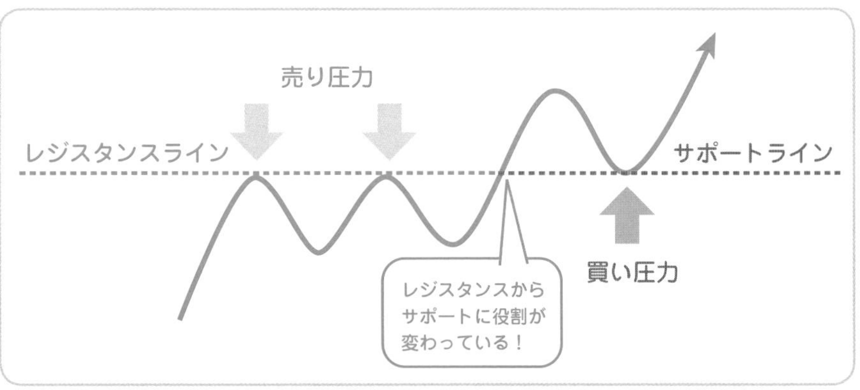

ダウ理論によるトレンド転換を判断する方法

ダウ理論は「**高値・安値をそれぞれ切り上げて上昇トレンド**」「**高値・安値をそれぞれ切り下げて下降トレンド**」と、言葉で説明すれば何の迷いもなく使用できそうに感じます。

しかし、実際のチャートでは人によってトレンドの認識や解釈が異なるケースが多々あります。

後に説明する、高値・安値の決め方（60ページ）についても同様です。

意見が分かれる代表的な場面は、**トレンド転換**のケースです。

例えば、下図の**パターンA**では、最初に安値 **a** → **c**、高値 **b** → **d** とそれぞれ切り上げて上昇トレンドが発生しています。その後、最高値 **f** をつけた後、高値 **f** → **h**、安値 **g** が切り下がり下降トレンドへ転換したと認識できます。

これはダウ理論の「高値・安値がそれぞれ切り下げて下降トレンド」の定義からも一致しており、何ら問題のない解釈と言えます。

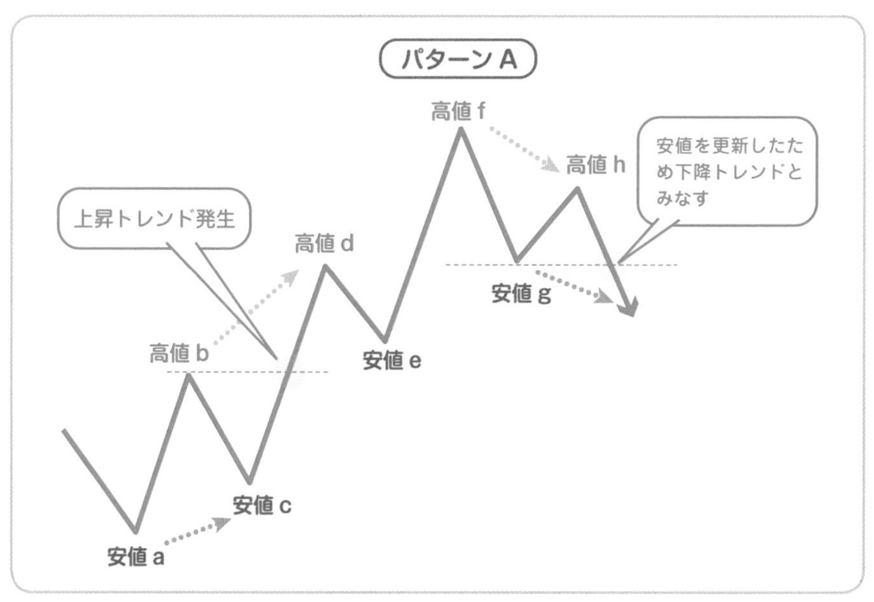

一方で、投資家の中にはダウ理論でトレンド判断をする際に、「**押し安値の切り下げ**、または**戻り高値の切り上げ**が必要」と考える意見があります。

押し安値と戻り高値の言葉の意味はそれぞれ以下の通りです。

- 押し安値：**直近の最高値をつける前の安値**
- 戻り高値：**直近の最安値をつける前の高値**

先ほどの**パターンA**の場合、直近の最高値は f なので、**押し安値はその前の安値である e** となります。

なので、最高値 **f** をつけた後、高値 **f** → **h**、安値 **g** を切り下げただけでは下降トレンドとはみなさず、上昇トレンドがまだ続いていると認識します。そして、その後に**押し安値 e をブレイクしてはじめて下降トレンドと認識**するのです。

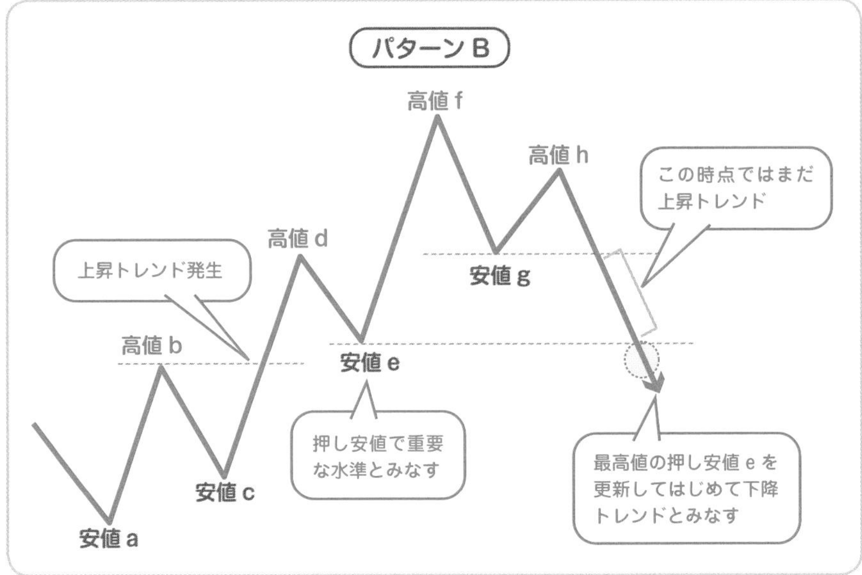

ダウ理論で判断が分かれる実際のチャート場面

ライン図で説明しただけでは具体性に欠けるので、実際のチャートを使って解説します。

今回の演習問題６の４時間足チャートでも、**押し安値・戻り高値の更新**を「必要としない」**パターン A** と、「必要とする」**パターン B** とで、トレンド転換が発生する場所が異なってきます。

まずは、**パターン A の場合**（次ページ図）。

最初に下降トレンドが発生しており、高値 **b** から安値 **c**、そして高値 **d** をつけて安値 **e** まで下がりました。この時点ではまだ高値と安値を切り下げているので下降トレンド継続中です。

そして、安値 **e** をつけた後に**高値 d を更新した時点**で、高値 **d** → **f**、安値 **c** → **e** とそれぞれ切り上がったので**下降トレンドから上昇トレンドへ転換**したと認識できます。

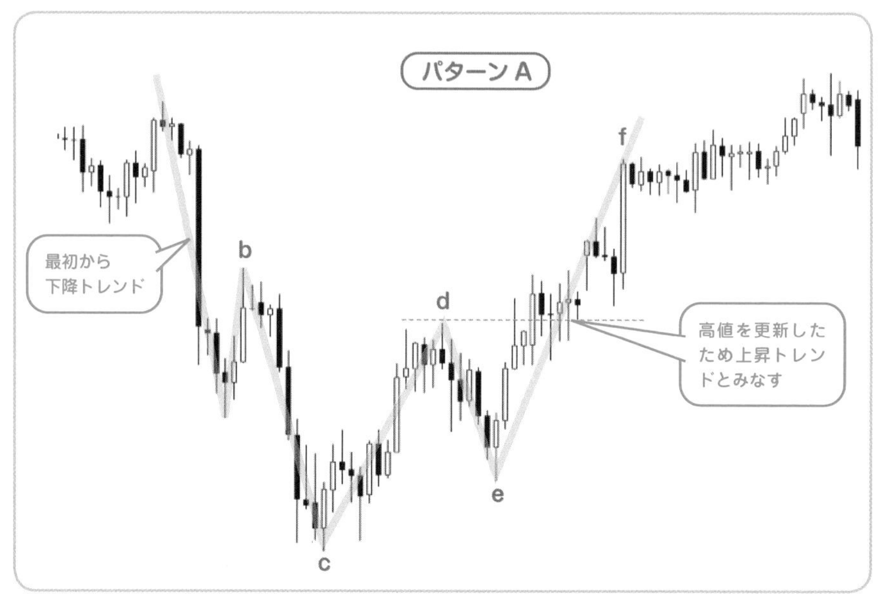

次に**パターンB**の場合です（次ページ図）。

今度は、トレンド転換の際に**「押し安値」または「戻り高値」の更新が必要**となります。

今回のケースでは最初に下降トレンドなので、**最安値をつける前の高値（戻り高値）がどこか**を押さえましょう。

すると、最安値はcであり、その直前の高値はbなので、**高値bが戻り高値**でありトレンド転換を判断する際に重要な水準であるとわかります。

では、パターンBでトレンドを分析すると、安値cをつけた後、高値dまで上昇し、安値eをつけて高値dを上に抜けました。パターンAではここで上昇トレンドですが、パターンBではまだ下降トレンド継続中です。

その後、**戻り高値bを上に更新してはじめて下降トレンドから上昇トレンドへ転換したと認識**します。

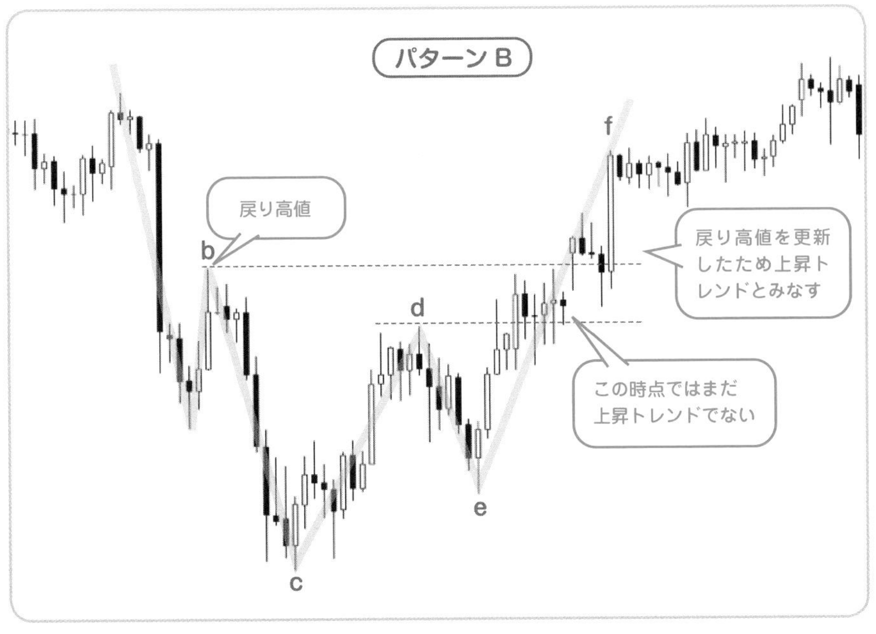

ダウ理論は一貫性を持って使うことが大切である

今説明した通り、パターンAとパターンBでは、同じダウ理論でもトレンド認識がまったく逆の解釈になってしまうのです。

では、どちらの見方が正しいのでしょうか？

残念ながら、**ダウ理論の提唱者であるチャールズ・ダウ**（1851～1902年）は、自らの理論について著作を1つも残しておらず、のちに他者がダウ理論と呼ばれる原理をまとめ上げています。それゆえ、「これが唯一無二の答え」というものはなく、投資家の流派により意見が分かれる結果となっているのです。

ただ、**ダウ理論で大事なのは**、絶対的な正解を探すのではなく一度決めた考え方や手法を、**一貫性をもって使用する**ことです。

例えば、一度パターンAと決めたら、その時の気分や雰囲気でパターンAからパターンBに変えることはせず、パターンAをずっと突き通すべきです。

パターンBを採用した時も同様に、ずっとパターンBを使い続けるべきです。

ここで本書では、日本テクニカルアナリスト協会が執筆した「日本テクニカル大全」（日本経済新聞社）のダウ理論の売りシグナルの解説に基づき、**パターンAを採用**します。ちなみに、私も実践ではパターンAを使っています。

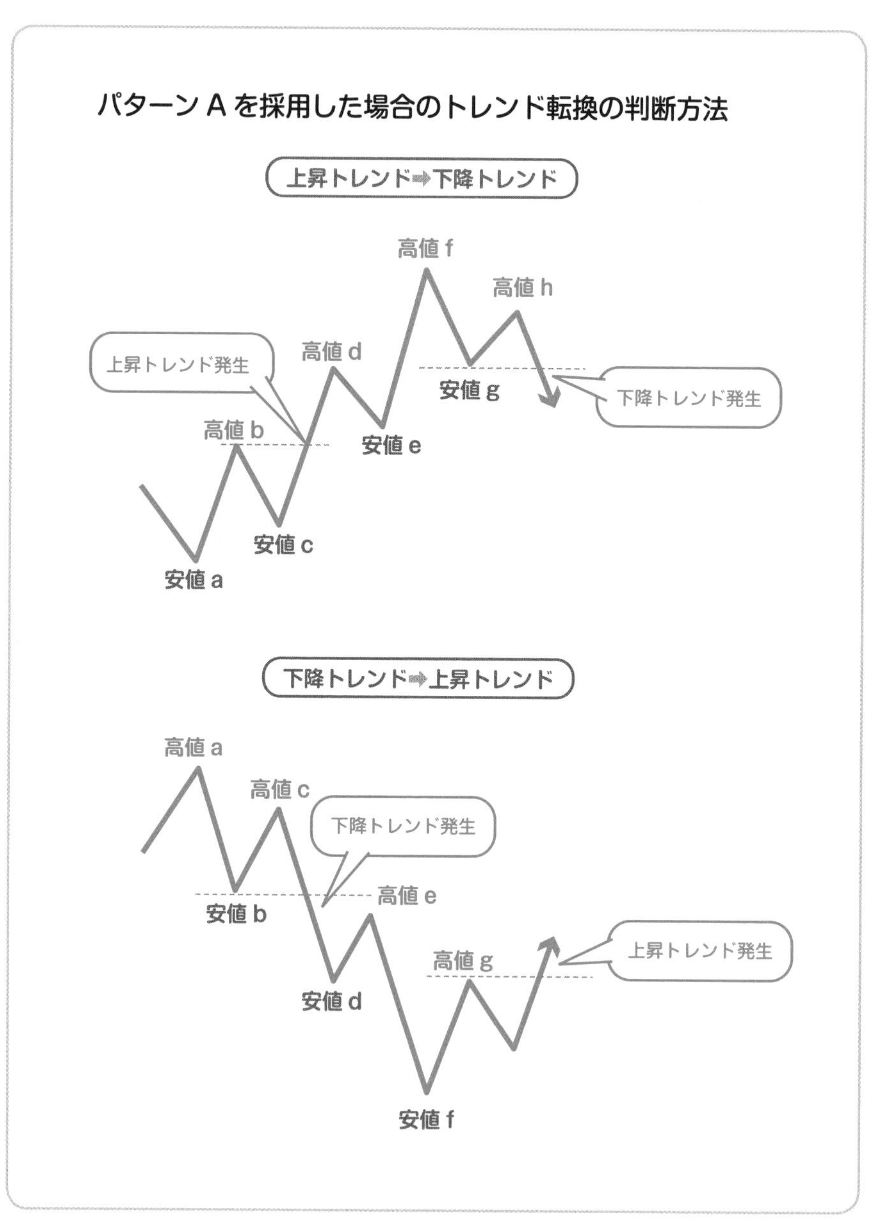

Chapter 2
演習問題
7

高値・安値を客観的に定める方法を覚えよう

Q 日足にて相場環境認識を行い、トレンド判断と水平線、トレンドラインを引いてください。この時、1時間足で狙うべきは買いと売りどちらですか？

上位足 豪ドル / 米ドル　日足チャート（2018年3月1日～2018年10月12日）

下位足 豪ドル / 米ドル　1時間足チャート（2018年8月20日～2018年8月30日）

日足にて、ダウ理論から高値 **e → g**、安値 **f → h** とそれぞれ切り下げているので**下降トレンド**です。水平線Ⓑは一度上に抜けるも再度下にブレイクし、障害にもならないことから**売りを狙いたい場面**です。

上位足 豪ドル / 米ドル　**日足**チャート（2018 年 3 月 1 日～ 2018 年 10 月 12 日）

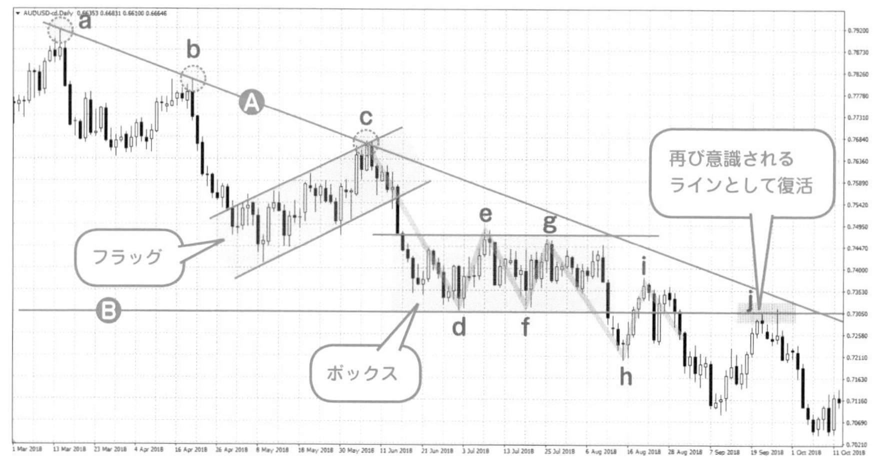

下位足 豪ドル / 米ドル　**1 時間足**チャート（2018 年 8 月 20 日～ 2018 年 8 月 30 日）

下降トレンドラインや水平線を把握しましょう

ダウ理論では先に説明した通り、**高値・安値の切り下げから下降トレンド**と判断できます。

高値 a-b-c を結んで**下降トレンドラインⒶ**が引けます。日足レベルで意識されているトレンドラインであり、**ライン付近まで上昇した際には売り圧力として機能**するので認識しておく必要があります。

また、安値 d と f を結んだ**水平線Ⓑ**は、下に抜けて安値 h をつけた後、何度か上下のブレイクを繰り返し、再び下に抜けています。

現在の相場状況が下降トレンドであることに加え、下落の障害となるサポートもないことから**下位足で売りが狙える場面**です。

また今回、問題とは直接関係ありませんが、チャートパターンの「**フラッグ**」や「**ボックス**」も発生しているので併せて認識できるようにしましょう。

過去に機能した水平線が再び機能するケースもある

水平線Ⓑは、**安値 h →高値 i の過程で反転機能が喪失**しましたが、その後、**高値 j でレジスタンスとして再び機能**し、レートは反転しています。

このように、過去に機能していた水平線は機能が失われたように見えても、再びレートを反転させる水平線として意識されるケースが多々あります。

よって、上位足で引ける水平線はできるだけ残しておくか、水準だけでも把握しておくようにしましょう。

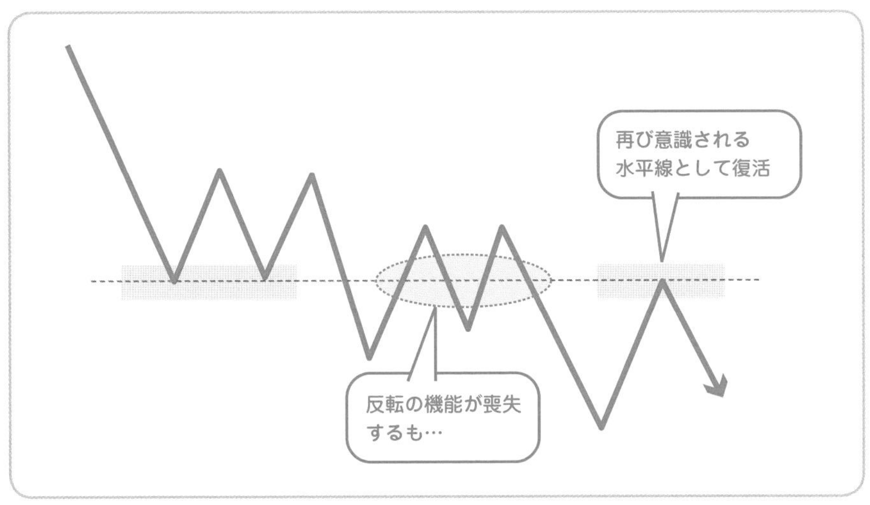

高値・安値の決め方次第でトレンドの解釈は異なる

ここまでの問題を解かれた方の中には、こんな疑問を持たれた方もいるのではないでしょうか？

ダウ理論の高値・安値はどうやって決めればいいの？

ダウ理論では、**高値と安値がそれぞれ切り上がれば上昇トレンド、切り下がれば下降トレンド**と判断できます。

言葉で説明すると非常に簡単ですが、実際のチャートを見ると、為替レートが複雑に動いて**どこを高値・安値に定めればいいのか迷う時があります。**

そして、人によって高値と安値の決め方が異なると、トレンドの判断も変わってきてしまうのです。

例えば、下図のように**高値・安値を狭く決めた場合**と**広く決めた場合**とで、どちらもダウ理論によるトレンドの認識ができます。しかし、間隔を広くしたほうではレンジであるのに対して、狭く決めたほうでは上昇トレンドなどと、異なる結果になる場合があります。

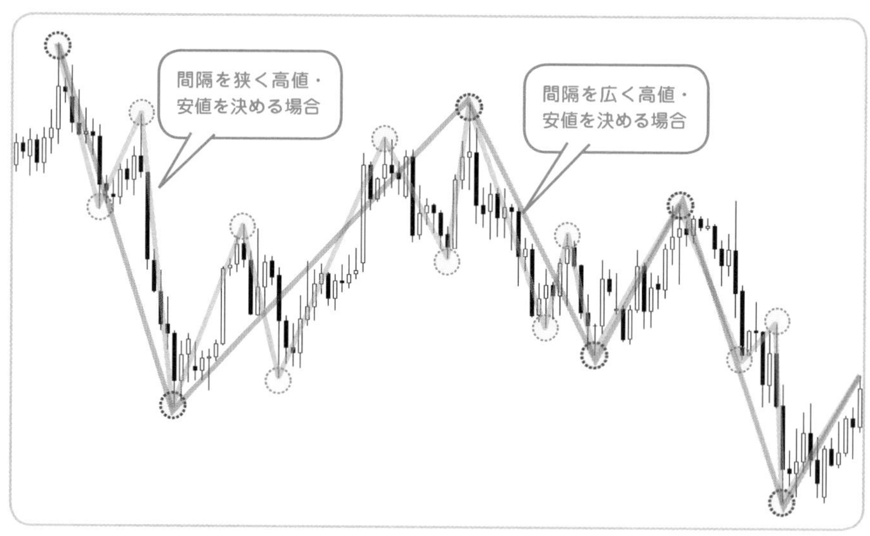

ダウ理論で高値・安値を定める２つの方法

残念ながら、ダウ理論の中に『高値と安値を○○のように定義する』といった統一的なルールはありません。よって、高値と安値の定義に正解はないので、極端な話、

自分が高値・安値と決めたらそれが正解となります。

しかし、その時々の雰囲気でなんとなく相場を分析し、ある時は上昇トレンドと認識し、ある時は同じパターンでも下降トレンドと認識するようなことがあってはなりません。

テクニカル分析で相場環境認識をする際には、**毎回一貫したルールに基づいて統一した判断をしなければなりません。**

そこで、ダウ理論の高値・安値を客観的に計測して決める方法として、以下２つの方法を解説します。

❶ ローソク足の本数で計測する方法（スイングハイ・ロー）

❷ 値幅で計測する方法

高値の左右にｎ本の低いローソク足を確認して高値と決める

１つ目の方法は、**高値の左右にそれぞれ高値より低いローソク足がｎ本存在してはじめて高値と認識する方法**です。これを、「**スイングハイ**」と呼びます。

例えば、「n=5」と決めた時、下図左側では左右に高値を超えない低いローソク足が５本ずつ存在するので、高値と認識できます。

一方、下図右側では、高値のあとに低いローソク足が３本しか存在せず、４本目のローソク足が高値を更新してしまっています。よって、「高値の両側に高値より低いローソク足が５本」という条件を満たさず、高値とはみなしません。

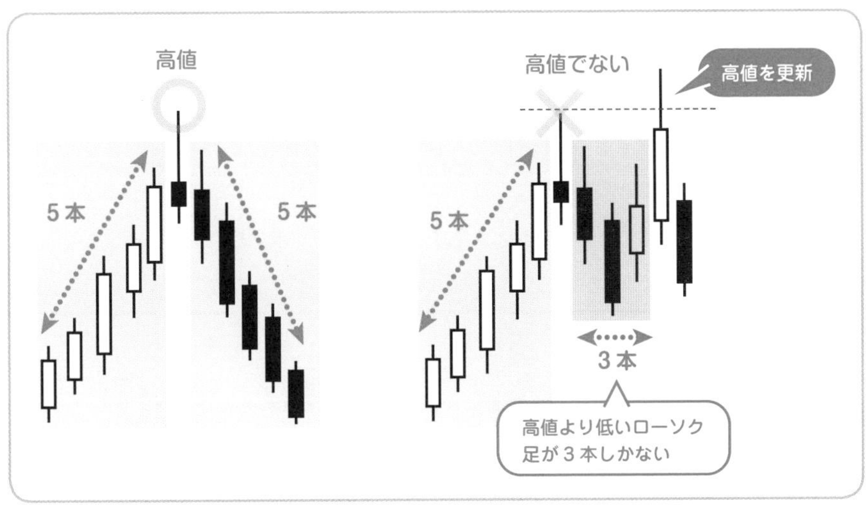

安値も同様に、**安値の左右にそれぞれ安値が高いローソク足が n 本存在してはじめて安値と認識**します。これを「**スイングロー**」と呼びます。

こちらも同様に n=5 と決めた時、下図左側では安値の左右に安値が高いローソク足が 5 本存在するので安値と決めることができます。

一方、下図右側では、安値のあとに 3 本しか高いローソク足が存在せず、4 本目のローソク足で安値を更新しているので安値と決めることができません。

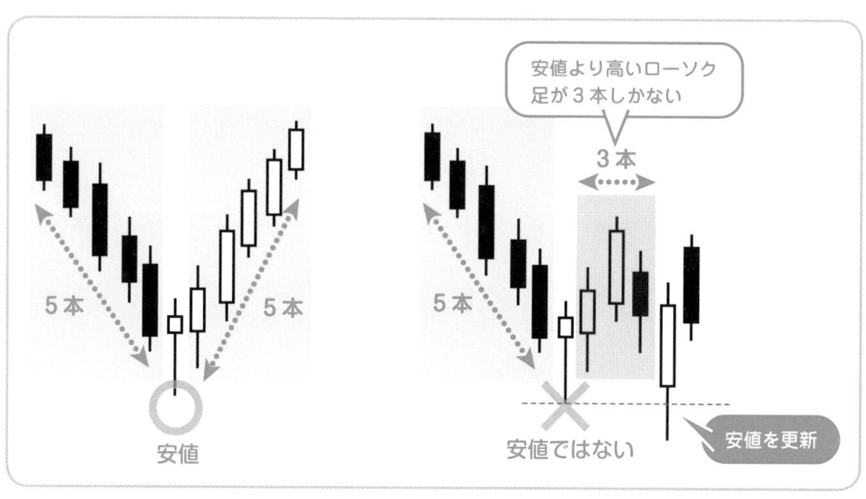

「n ＝ 6 本」が有名だが、実際は 4 本以上が望ましい

n の本数を増やせばダウ理論の高値と安値は広がり、長期のゆったりとしたトレンドをとらえることができます。逆に n 本の数を減らせば高値と安値の間隔が狭くなり、短期の細かなトレンドをとらえることができます。

米国の有名投資家である**ラリー・ウィリアムズ**は、この本数を「**6 本**」と定義しているようです。

しかし、実践では 6 本だとやや広すぎるケースがあるので、ローソク足の本数で高値安値を決める場合は「4 本または 5 本」を目安に決めていきましょう。

ローソク足の本数で計測する方法

- **高値（安値）の左右に n 本の低い（高い）ローソク足を確認**
- **「n＝4 本または 5 本」が目安**

前回の高値（安値）と値幅が一定以上離れているかどうか

高値と安値を決める２つ目の方法は、**「前回の高値（または安値）と値幅が一定以上離れているかどうか」**を条件に決める方法です。

例えば下図のケースで、一定間隔を**10pips以上と決めた場合**、**安値２**は**安値１**と値幅が5pipsのためダウ理論における切り上がりの**安値とは認識できません。**

一方、**安値３**は**値幅が15pips**と10pips以上離れているため**切り上がりの安値と認識できます。**

そして、**安値１**と**安値３**の間の高値は最も高いローソク足を選べばいいので**高値２**となり、**この水準を抜けた時点で高値と安値の切り上げが確定するので上昇トレンドと判断**できます。

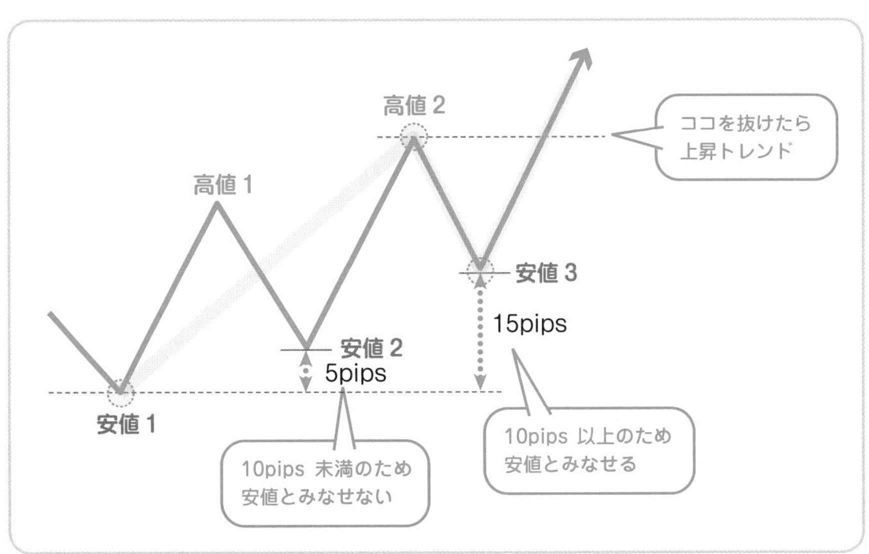

下降トレンドの場合もまったく同様です（次ページ図）。

高値１と**高値２**は値幅が10pips未満のため、**高値２**はダウ理論の高値とはみなしません。高値３は高値１から10pips以上離れているので、**高値１→高値３**で**切り下がり**とみなせます。

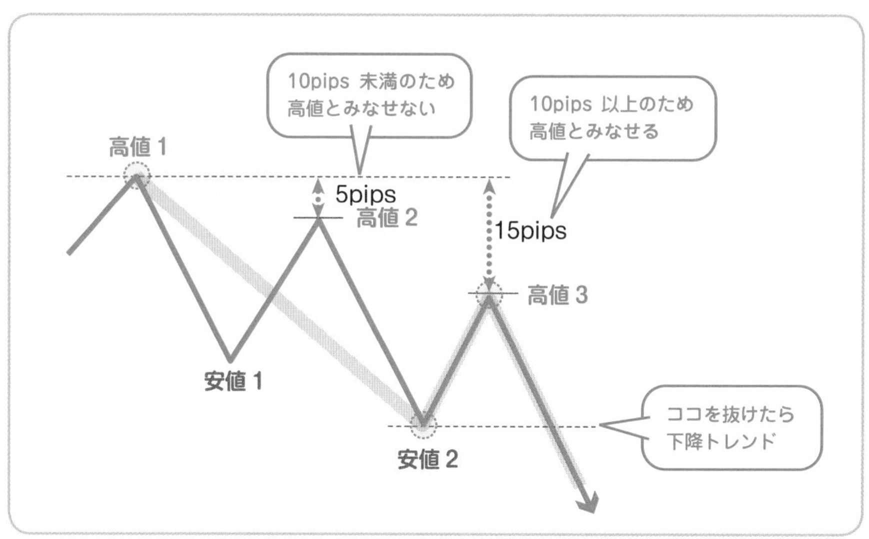

値幅で計測する方法

- 高値（安値）の間隔が一定値幅以上離れていることを確認
- 間隔は「10pips 以上」が目安（通貨によっては 20pips 以上も可）

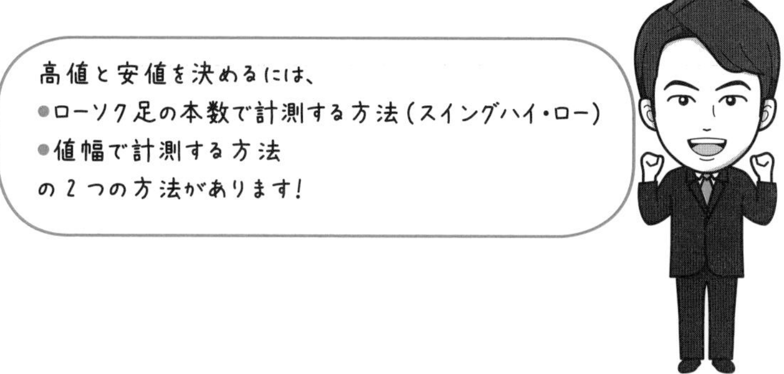

レンジ相場であれば待つことが最善の選択肢

Q 日足にて相場環境認識を行い、トレンド判断と意識されている水平線およびトレンドラインを引いてください。この時、1時間足ではどんな選択肢が有効ですか？

※高値・安値の決め方はローソク足の本数「5本」で行ってください。

上位足 英ポンド / 米ドル　日足チャート（2017年5月19日〜2018年1月22日）

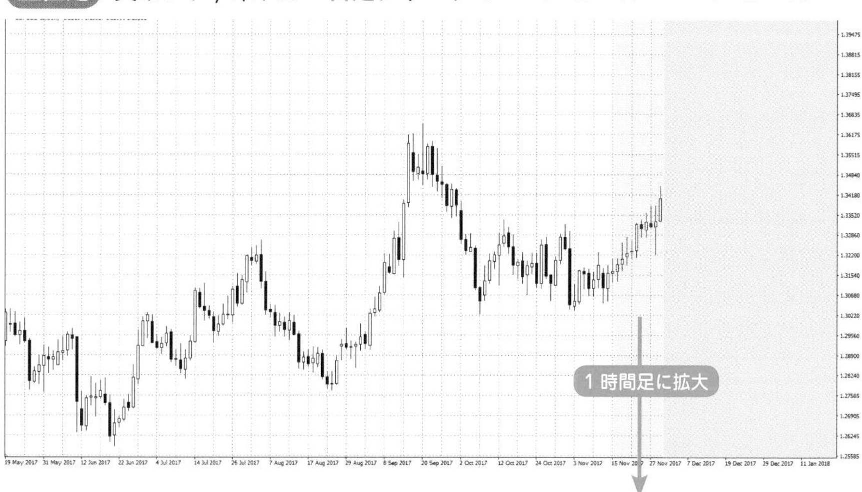

下位足 英ポンド / 米ドル　1時間足チャート（2017年11月20日〜2017年11月29日）

日足にて、ダウ理論でトレンド判断をすると、高値は**c → e**と切り上げていますが、安値は**b → d**と変化がないので**レンジ相場**です。よって明確なトレンドがないため、**売買は見送るのが正解**です。仮に買いを狙う場合も、水平線Ⓐのレジサポ転換を待つべきでしょう。

上位足 英ポンド / 米ドル **日足**チャート（2017年5月19日～2018年1月22日）

下位足 英ポンド / 米ドル **1時間足**チャート（2017年11月20日～2017年11月29日）

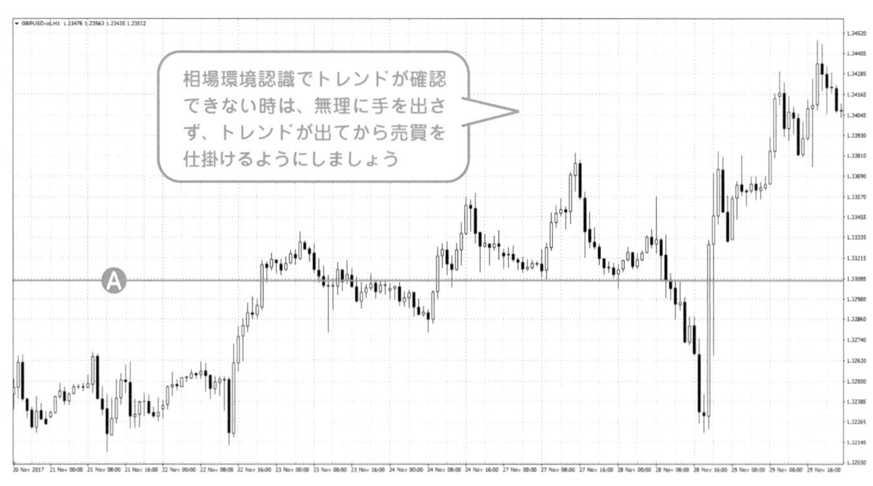

高値が2度続いた場合の対応方法について

今回の日足チャートはやや値動きが複雑で、ダウ理論の高値・安値に迷った方もいるのではないでしょうか？

まずは、61ページで解説した「**ローソク足の本数で計測する方法（スイングハイ・ロー）**」を使って高値と安値を丁寧に決めていきましょう。

問題文の条件通りに**本数＝5本**とした場合、日足チャートの点線囲み内の高値と安値は下図のようになります。

ここで、安値Bの後、高値Cと高値Dが続いてきています。このように、高値が続いた時は、ダウ理論の波をとらえるために**一番高い高値を選択**しましょう。

今回のケースでは、安値BとEの間で**一番高い高値**はCとなり、A-B-C-E-Fで高値・安値の動きを捉えることができます。

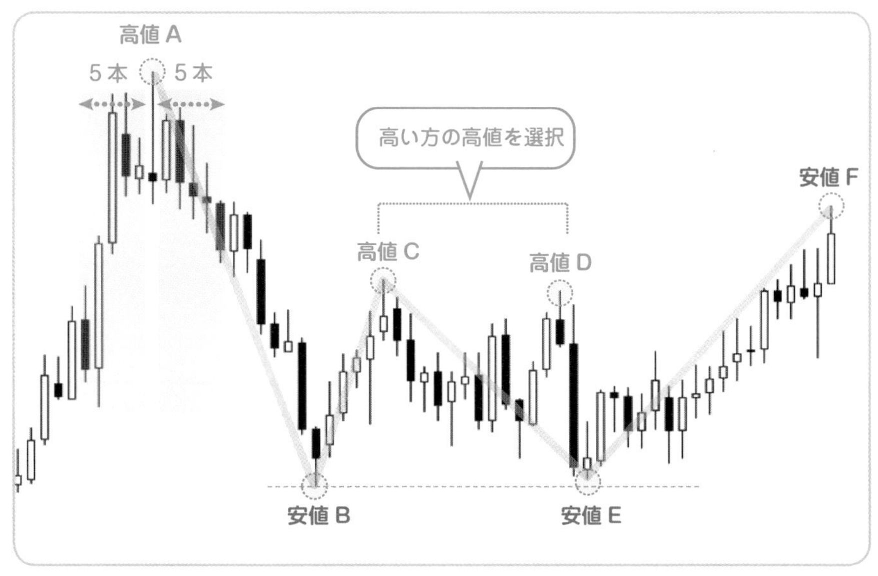

※安値Eは若干安値Bに対して切り上げていますが、ほぼ同じ水準なので変化なしとみなしています。

本数＝４本の条件でダウ理論にてトレンドを分析した場合

参考までに、本数を**４本と間隔を狭く取った場合**の高値・安値は下図の通りです。本数が５本の時と比べて、かなり**波が細かく刻まれています**ね。

トレンド判断をすると、安値Ｆ→Ｈ、高値Ｇ→Ｉとそれぞれ切り上げており上昇トレンドと判断できます。

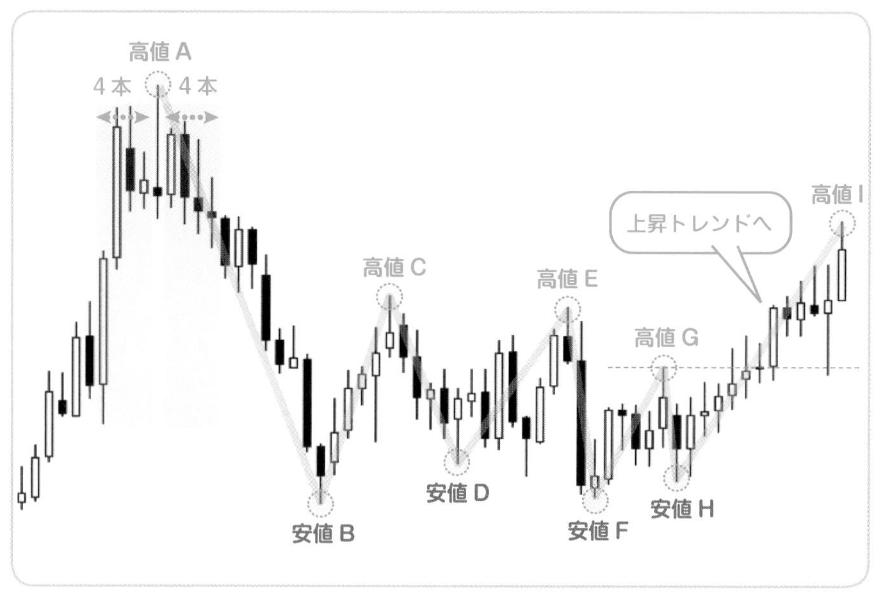

今までの説明の通り、ダウ理論でも高値・安値の判断や、トレンド判断の部分で、どうしても裁量的な考えが入ります。

ただ、それを不安に感じる必要はありません。大事なのは**常に一貫性のある分析**を行い、それでも**判断に迷う場面があれば、取引を控える**ことです。

判断が難しい場面でわざわざ手を出す必要はありません。自分がトレンド判断が難しいと迷う場面は、他の投資家も同じように感じています。

簡単にトレンド判断ができる相場だけに絞って勝負することが、勝率を向上させる上で大切になってきます。

Chapter 2
演習問題
9

優位性のあるトレードを実現する方法

Q 日足にて相場環境認識を行い、トレンド判断と意識されている水平線およびトレンドラインを引いてください。この時、1時間足ではどんな選択肢が有効ですか？

上位足 英ポンド / 米ドル　日足チャート（2017年10月2日～2018年6月5日）

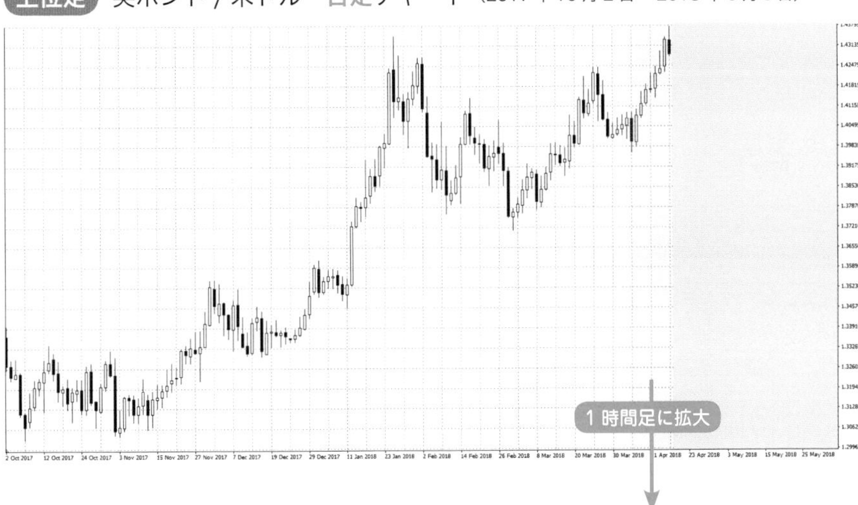

下位足 英ポンド / 米ドル　1時間足チャート（2018年4月6日～2018年4月18日）

高値 b → d、安値 a → c と切り上げているため**上昇トレンド**です。安値 f を起点に**上昇トレンドライン**Ⓑが引けます。ただし、高値 e と d を結んで**レジスタンスライン**Ⓐが引け、反落の兆しが見えているため**様子見が適切な選択**です。

上位足 英ポンド / 米ドル　**日足**チャート（2017 年 10 月 2 日～ 2018 年 6 月 5 日）

下位足 英ポンド / 米ドル　**1 時間足**チャート（2018 年 4 月 6 日～ 2018 年 4 月 18 日）

障害となるラインを抜けた後に取引を仕掛ける

ここまでの問題を解かれた方であれば、この問題は迷うことなく解けたのではないでしょうか。

ダウ理論から**上昇トレンドであることは一目瞭然**ですが、**レジスタンスラインⒶを認識していれば買いの選択は採れません。**

また、レジスタンスラインと上昇トレンドラインにレートが挟まれる形になった時、抜けたほうにトレンドが出るパターンが多いのでそれまでは**様子見が最善の選択**です。

今回、逆張りで売りをする場合、上昇トレンドライン上で再度反発するリスクを考える必要があります。

このような場面では、どちらに進むかまだ不明確な場合は手出しせず、レジスタンスラインを上に抜けたら買い、上昇トレンドラインを下に抜けたら売りを選択することで勝率を高めることができます。

つまり、**どちらに抜けるかわからない場合は様子見に徹する**わけです。

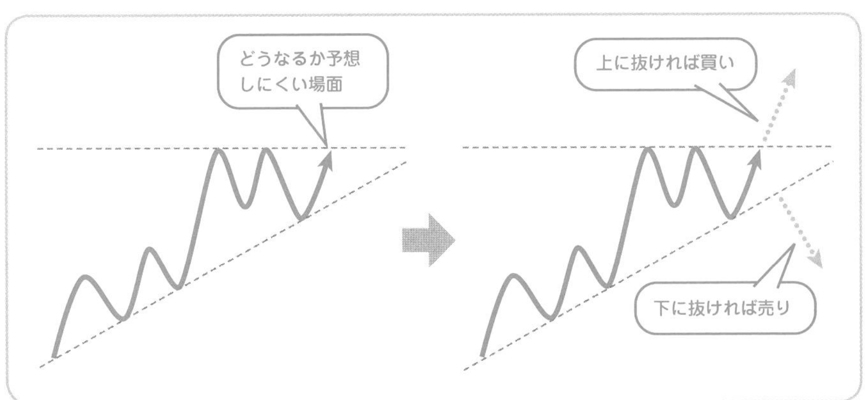

優位性のあるエントリーポイントを探す手順

しかし、実際のトレードとなると、頭でわかっていても、目先の利益を追い求め冷静な分析ができず、今回のような**レジスタンスライン**がすぐ上にあるのに買いを仕掛ける人がかなりいます。

トレードで利益を増やすには、ただ単純にトレードの手数を増やせばいいのではありません。

無数に巡ってくるチャンスの中から、特に**優位性のあるポイントのみに絞ってトレードできるかどうかが重要**なのです。

FX で利益が残らない人の大半は、とにかくむやみやたらに取引をしがちです。しかし、そのようなスタンスでは今回のようなリスクが高い無駄なトレードも増えてしまうので、肝に銘じましょう。

以下は、上位足にて相場環境認識をする際に必ずチェックしておきたいポイントです。

相場環境認識でチェックするポイント

- □ **現在レートの上にレジスタンスラインは引けるか？**
- □ **現在レートの下にサポートラインは引けるか？**
- □ **トレンドラインは引けるか？**
- □ **上位足のトレンドは確認したか？**
- □ **売買方向に障害となるラインはあるか？**
- □ **障害となるラインがある場合、十分な距離はあるか？**

これらを一通り実施するだけでも、だいぶトレードの成果が変わってくることでしょう。

Chapter 2

演習問題

10

レジスタンス突破後の第２波をとらえる

Q ４時間足にて相場環境認識を行い、トレンド判断と水平線を引いてください。この時、30分足ではどんな選択肢が有効ですか？

上位足 英ポンド／米ドル　４時間足チャート（2019年10月29日～2019年12月6日）

下位足 英ポンド／米ドル　30分足チャート（2019年11月28日～2019年12月4日）

ダウ理論から高値 **e → g**、安値 **d → f** とそれぞれ切り上げており、上昇トレンドです。また、高値 **a-b-c** を結んだ**レジスタンスラインⒶを上抜け**しており、障害となるラインもないことから**買いを狙う**ことができます。

上位足 英ポンド / 米ドル **4時間足**チャート（2019年10月29日～2019年12月6日）

下位足 英ポンド / 米ドル **30分足**チャート（2019年11月28日～2019年12月4日）

レジサポ転換後の第二波は高勝率の絶好ポイント

トレンドはダウ理論から高値 e → g、安値 d → f とそれぞれ切り上げているため**上昇トレンドと認識**できます。

演習問題９ではレジスタンスラインを突破する前の状態でしたが、今回は**レジスタンスラインを突破した後の展開**です。

同じ上昇トレンドでも、演習問題９と 10 とでは相場環境がまったく異なり、演習問題 10 では**上昇トレンドの障害となるレジスタンスがないので、積極的に買いを狙う**ことができます。

また、演習問題６でも解説した通り（51 ページ）、レジスタンスラインは一度上に抜けると、今度は買い圧力が高まるサポートラインとして機能します。

そして、このサポートラインへ近づいて反発するポイントは絶好の買いポイントとなるのです。

実際に、４時間足チャートを見ると、何度も反転しているレジスタンスラインⒶを上に抜けた後、下ヒゲを作ったローソク足が数本発生しており、買い圧力が強いことが確認できます。

レジサポ転換が起こるメカニズムを理解しよう

そもそも一度水平線をブレイクすると、**機能が逆転するレジサポ転換がどうして起きるのでしょうか？**

これは**投資家の大衆心理**を読み解けば理解できます。

レジスタンスラインを突破した後、同ラインがサポートとして機能する背景を次図で説明します。

まず、為替レートがレジスタンスラインへ近づいた時、そのラインでの反落を狙った投資家は**売りを仕掛けます**（①）。

しかし、予想に反してレートはレジスタンスを上に突破しました。この時、**①で売りを仕掛けた投資家は全員含み損**を抱えており（②）、損切りまたは様子見の選択を採ることになります。

損切りをした投資家は逃げ足の速い投資家で、損切りの買い決済が上昇を更に勢い付けます。

一方、**損切りをしなかった投資家は、為替レートが更に上昇して含み損が拡大するのを見て、レートが元の水準に戻ってくるのを祈る**でしょう。

その後、運よく為替レートが再び水平線近くまで戻った時、含み損が軽減されており「今がチャンスだ！」と**買い決済**（③）をして逃げます。

そのままレートが上昇すれば、取り返しのつかない大きな損失を被った可能性もあるので、ほっと一安心するでしょう。

そして、今度はサポートライン上で反発を狙った**新規の買い注文（④）**が入ります。

つまり、売り建玉を持った投資家の**「買い決済（損切りまたは引分け）」**と、新たに仕掛ける投資家の**「新規の買い注文」**の２つの取引がサポートライン近くで発生するため、**レートは上昇する**のです。

これが、**レジサポ転換が起こるメカニズム**です。

レジサポ転換後の第２波は、トレンドが続くケースが多々あるので、上手に乗ることで利益を得られる美味しいポイントと言えます。

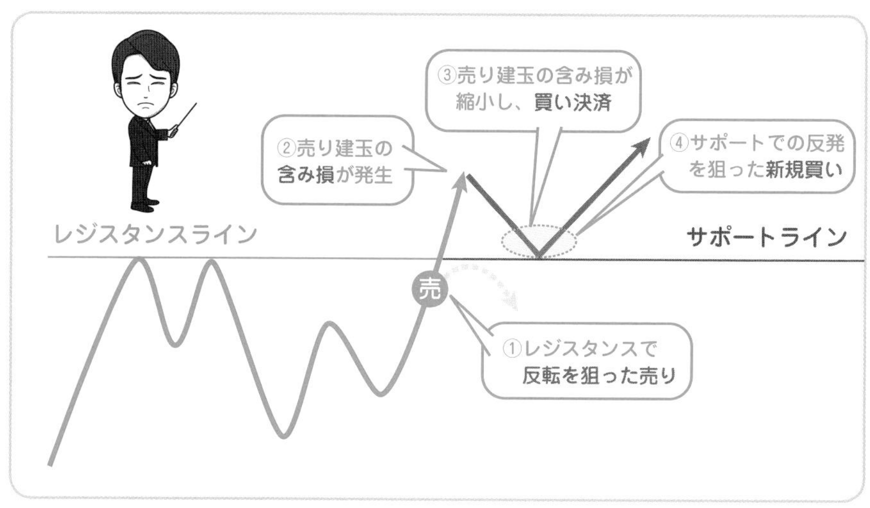

Chapter3

チャート分析
エントリーポイント編

Chapter3では相場環境認識後に、狙うべき「エントリーポイント」について解説をします。
下位足で優位性のある勝率の高いポイントだけに絞ってトレードしていきましょう。

Chapter 3
基礎知識
0

相場環境認識後に エントリーポイントを探す

トレンド方向に仕掛けるフォームを身に付けるべき

Chapter2 で解説した通り、トレードの流れは**上位足で相場環境認識**を行い、その後、**下位足に移ってエントリーポイントを探す「マルチタイムフレーム分析」**を活用します。

上位足が上昇トレンドであれば下位足で狙うべきは**買い方向**であり、高いリスクをとって上位足の主要トレンドに逆らう売りを仕掛けるべきではありません。

同様に、**上位足が下降トレンド**であれば、下位足で狙うべきは**売り方向**となります。

そして、ここも非常に大事なポイントですが、上位足のトレンドが上昇か下降かはっきりしない場合、**トレードを控えて上位足に明確なトレンドが発生するまで待つ姿勢**が大切です。**負けているトレーダーに共通する原因**として**「待つ姿勢」**がまったくなく、チャートを見た瞬間にすべての値動きがチャンスのように思えてしまうのです。

しかし、これは欲に目がくらんで冷静な判断ができていない状態であり、勝率をグッと下げる愚かな行為です。

FX トレードでは、チャンスは無数に訪れますので、その中でいかに**勝率の高いポイントだけを拾えるか**が重要です。

本書では、上位足でトレンド認識をした後、下位足でエントリーするべき高勝率なポイントを３つ取り上げます。

これらのポイントのみを徹底的に攻めることで、驚くほど高い勝率を上げることができるでしょう。細かいですが、この後の解説で混乱しないように、よく使われる言葉の意味を押さえておきましょう。

言葉の定義の解説

❶ **反発：下落してきた価格が上昇に転じること**

❷ **反落：上昇してきた価格が下落に転じること**

❸ **反転（転換）：価格がこれまでの方向とは逆の方向に動くことで、反発と反落の両方の意味を持つ**

勝率をアップする確実に狙いたい３つの買いポイント

下位足で狙うべき買いポイントは以下の３つです。

❶ レジサポ転換後の反発
❷ 上昇トレンドラインでの反発
❸ 下降トレンドラインブレイク後の第２波

次図のように上位足と下位足を一緒にマルチタイムフレームで示して解説していきます。まず、**上位足がダウ理論でレンジまたは下降トレンド**の時、下位足は「様子見」または「売り」をするエリアとなります。

このエリアではそれ以外の選択肢はなく、買いは不可です。

それでは次に、高値ａを抜けた時点で下位足の**安値と高値がそれぞれ切り上がる**ので上昇トレンドとなり、下位足で**「買い」**を狙うエリアとなります。

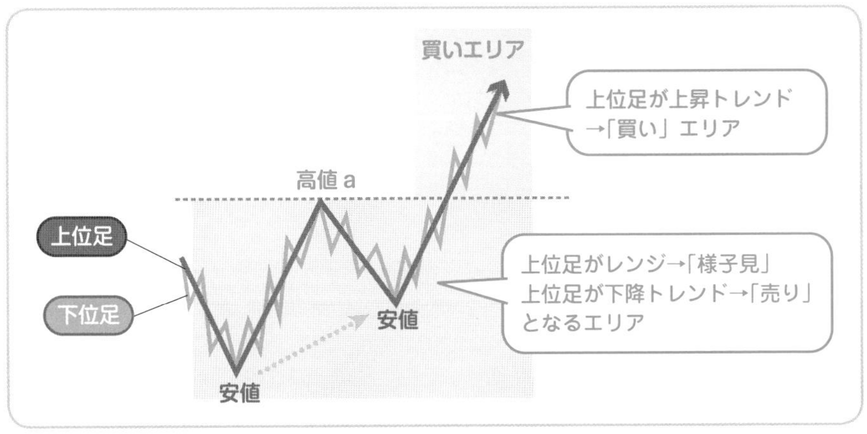

ここで、上位足が上昇トレンドになったからといって、闇雲(やみくも)にどこでもエントリーしていいわけではありません。確かに上位足でその後にトレンドが続けば、どのポイントでエントリーしても最終的には利益が出ることになります。

しかしその反面、予想が外れてトレンドが続かなった場合、適当な場所でエントリーしたトレードはエントリー価格も悪くなり、損切り幅も無駄に増えてしまいます。**上位足で上昇トレンドになったことを確認した上で、下位足で更に勝率の高いポイントを探る**ことで高勝率なトレードが実現できるのです。

それでは、それぞれの買いポイントの詳しい解説をしていきます。

買いポイント①

買いポイント①は水平線の**レジサポ転換後の反発ポイント**です。

多くの常勝トレーダーが狙うポイントであり、レジスタンスが突破されたことで売り勢力の勢いが弱まり、新たに買いを仕掛けるトレーダーが増えます。

上位足の相場環境に関係なく、このレジサポ転換パターンだけでも一定の勝率は期待できますが、ここに**上位足のトレンド方向と同じ方向に仕掛ける**ことで、主要トレンドの波に乗ることができてより優位性の高いトレードとなります。

買いポイント②

買いポイント②は**上昇トレンドラインでの反発**です。上昇トレンドラインは必ず引けるわけではありませんが、**引けた時は絶好のエントリーチャンス**となります。

また、上位足が上昇トレンドの中、下位足の押し目のポイントとなるので、エントリー価格も有利になり追っ掛け買いのリスクを排除できます。

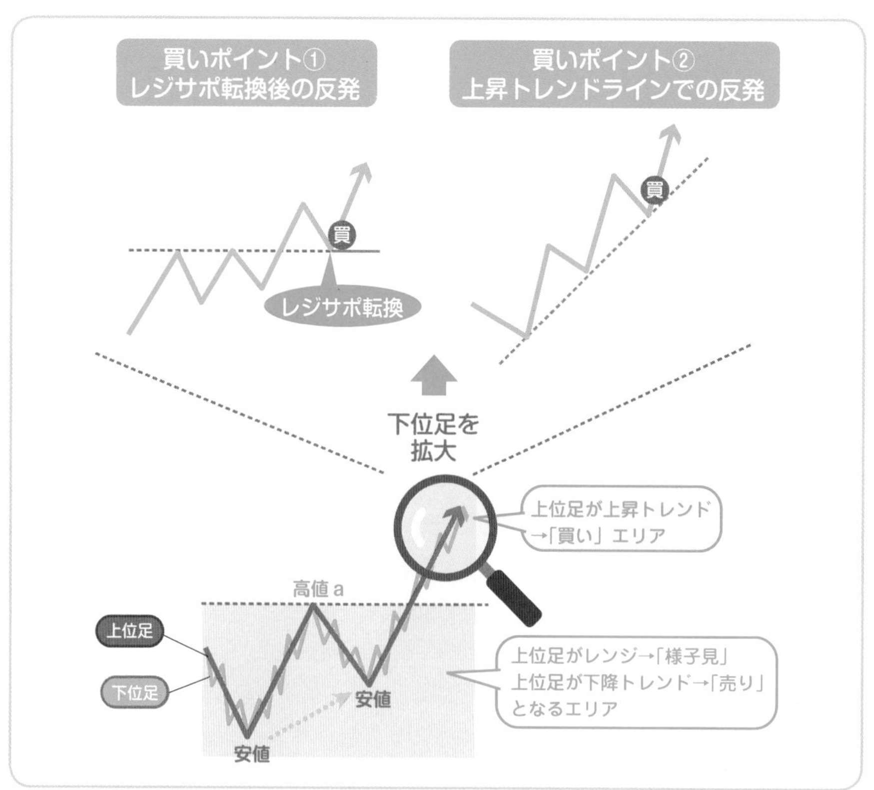

買いポイント③（次ページ図）

続いて、買いポイント③は下降トレンドラインブレイク後の第２波です。

まず、上位足が下図のように高値 a を上抜けた時点で上昇トレンドですが、その後、押し目を付けにいくケースがあります。

ここで、**安値 b を下に抜けるか、高値・安値の切り下げが起きない限り上昇トレンド継続**なので、**買いを狙うエリア**となります。

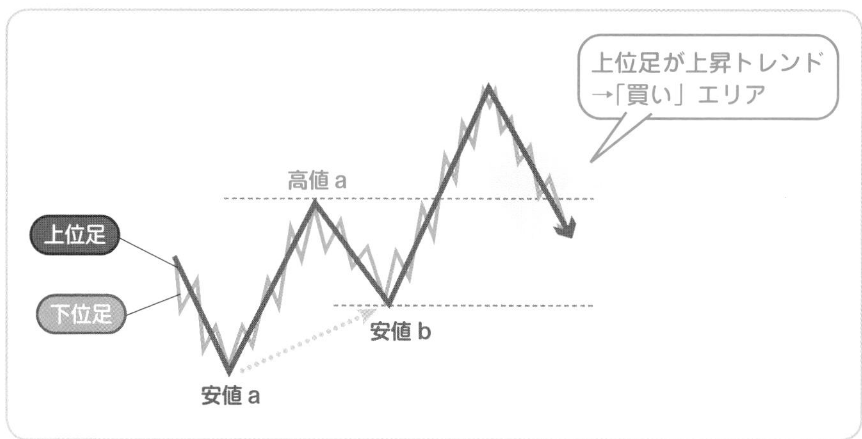

下位足に拡大した際、下降トレンドラインが引けてそのラインをブレイクした後に買いを狙うのが**買いポイント③**です。

ここで注意点ですが、下降トレンドラインを上に抜けた時点ですぐに買いを仕掛けるのは避けるべきです。なぜなら、トレンドラインブレイクはあくまでトレンドの勢いが弱まっていることを示すのであって、トレンド転換を示すわけではなく、ダマしになるリスクもあります。

したがって、下降トレンドラインをブレイクした後に狙うべきポイントは、**リターンムーブ後の第２波と下位足がダウ理論で高値・安値を切り上げて上昇トレンドに転換した時点の箇所**になります。

リターンムーブは必ずしもトレンドライン付近まで来るわけではありません。場合によってはリターンムーブが小さくトレンドラインから離れている場合や、ほとんどない場合もあります。

リターンムーブがありトレンドライン上で反発すれば、絶好の第２波の買いポイントとなり、リターンムーブがない場合はダウ理論で下位足の上昇トレンドが確定した点を狙っていきます。

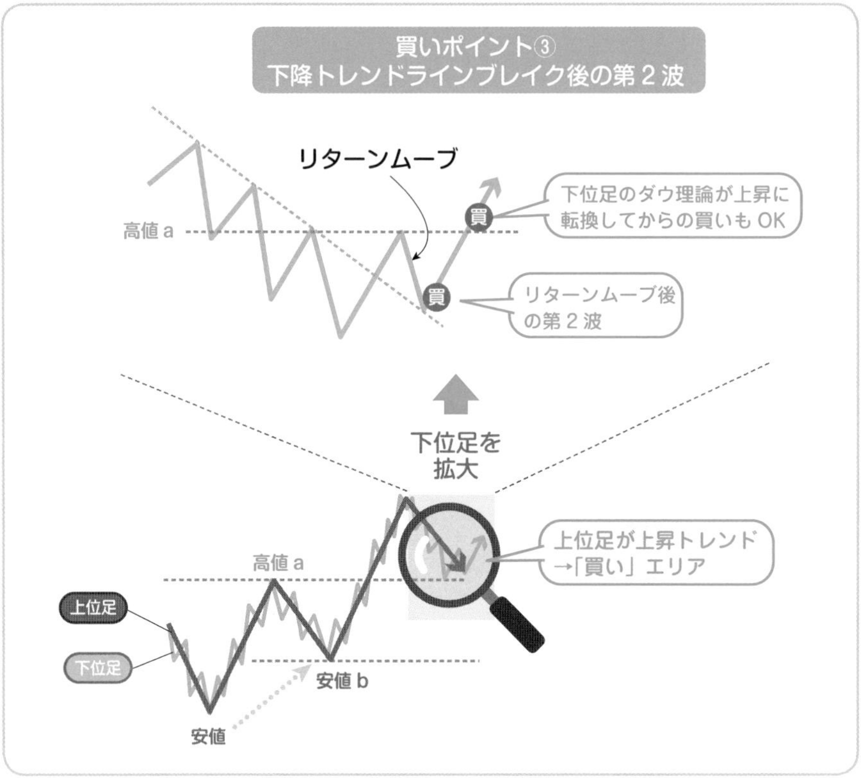

買いポイント③
下降トレンドラインブレイク後の第２波

リターンムーブ

下位足のダウ理論が上昇に転換してからの買いもOK

買

高値a

買

リターンムーブ後の第２波

下位足を拡大

上位足が上昇トレンド→「買い」エリア

高値a

上位足

下位足

安値b

安値

勝率をアップする確実に狙いたい３つの売りポイント

売りポイントも、買いの場合と同様で以下の３つです。

❶ **レジサポ転換後の反落**
❷ **下降トレンドラインでの反落**
❸ **上昇トレンドラインブレイク後の第２波**

売りポイント①と②

上位足が下降トレンドのエリアにおいて、売りポイント①は水平線の**レジサポ転換後の反落箇所**、売りポイント②は**下降トレンドラインの反落箇所**です。

上位足が**レンジや上昇トレンド**であれば、たとえ下位足で上記のパターンが発生しても**売りは不可**です。

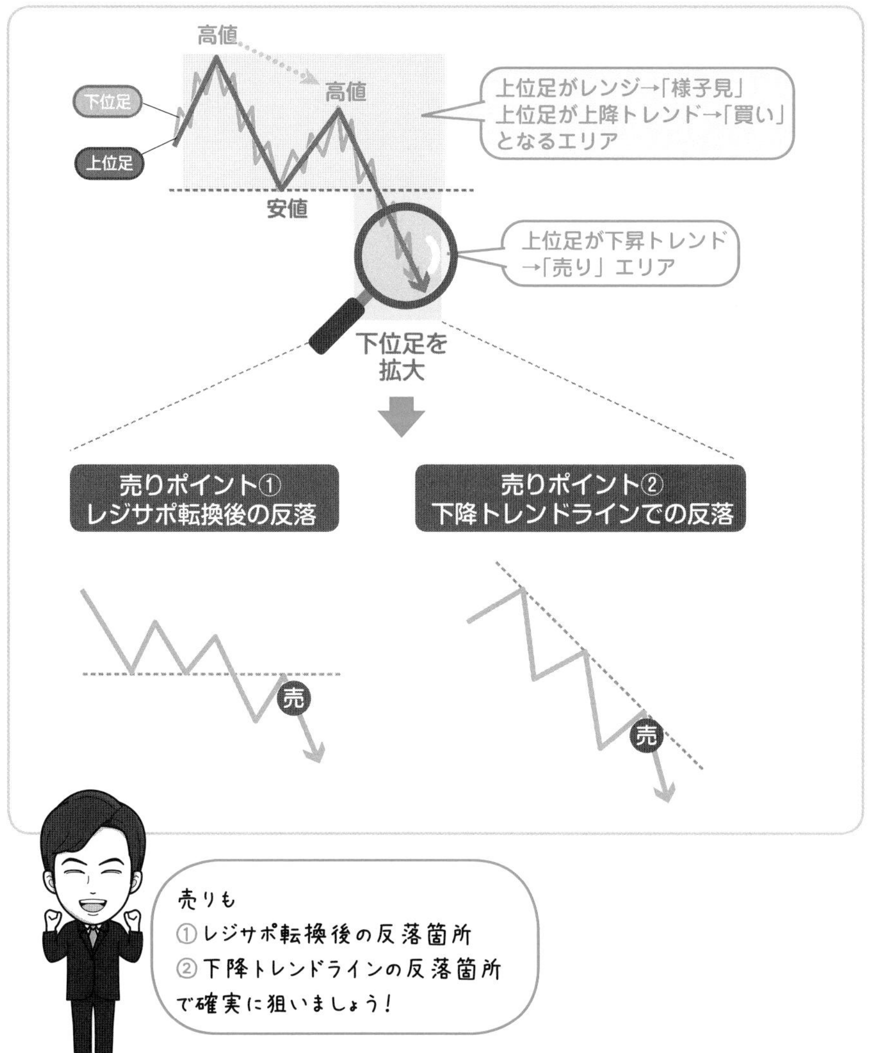

売りポイント③

続いて、上位足が下降トレンドであり、**一時的な戻り（上昇）が起きる場面で、下位足の上昇トレンドラインブレイク後の第２波を狙う**のが売りポイント③です。

上位足で高値・安値の切り下げが続く限り下降トレンドなので、狙うべきは売りです。上位足の一時的な戻りだけを見て、買いを仕掛けるのは止めましょう。

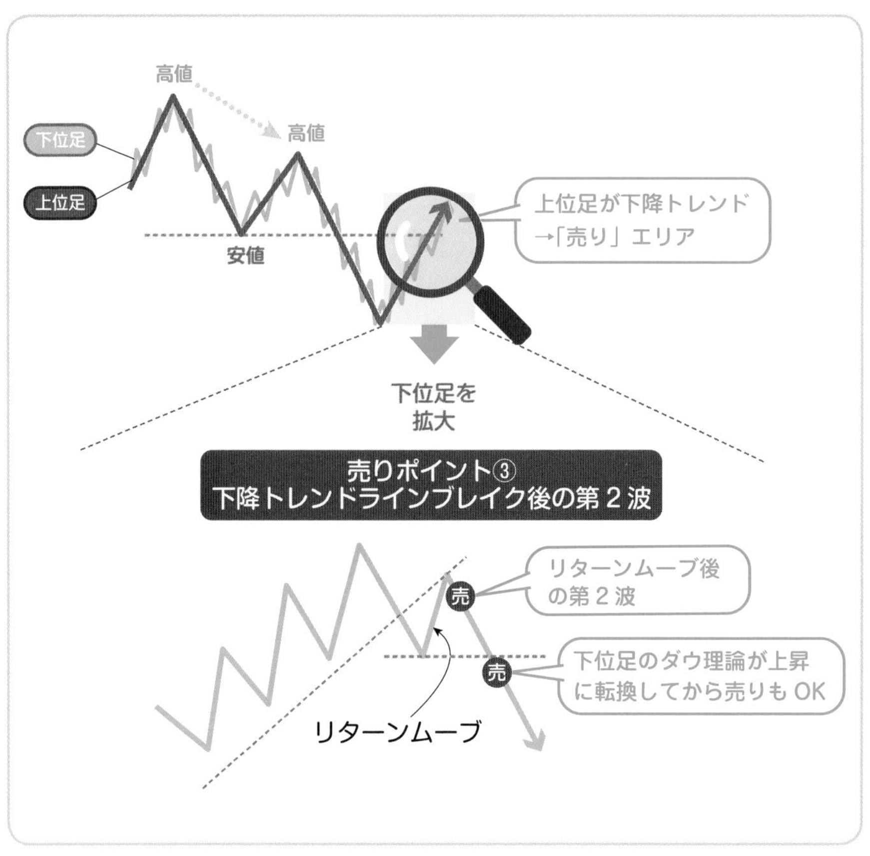

※演習問題の注意点

第３章の演習問題に関して、ダウ理論によるトレンド判断はすべて以下の条件で判断しています。

・ローソク足５本のスイングハイ・ロー

Chapter 3
演習問題
1

上昇トレンドの調整波の中で買いを仕掛けよう

Q

4時間足で相場環境認識を行い、トレンド判断と水平線・トレンドラインを引いてください。その後、15分足にラインを引いてエントリーポイントを見つけてください。

上位足 米ドル/円 4時間足チャート（2020年2月26日～2020年4月6日）

下位足 米ドル/円 15分足チャート（2020年3月13日～2020年3月17日）

4時間足のトレンド状態は上昇トレンドであり、108.503円に水平線が引けます。15分足では下降トレンドラインブレイク後の第2波で買いを狙うことができます。

4時間足の解説

トレンドの認識

4時間足でダウ理論によりトレンド判断をすると、最安値aを付けた後、高値b、安値c、高値dと高値・安値をそれぞれ切り上げて上昇トレンドが確定しています。

そして、15分足に拡大するエリアでは上昇トレンドの一時的な下落の部分であり、上昇トレンドは継続中。よって、下位足では買いを狙うべき場面となります。

サポート及びレジスタンスの認識

高値eとf、そしてdを結んで**レジスタンスライン**Ⓐが引けます。

結局、108.503円に引けるレジスタンスⒶは高値dを更新する過程で上に抜けましたが、15分足で買いエントリーした際は、この水準が利益確定の目安となります。実際に、Cの箇所では陽線の後に陰線が1本発生しており、レジスタンスで一度反落しているのが確認できますね。

また、安値aを起点に安値cを結んで**上昇トレンドライン**Ⓑも引けるので、買いポイント選定やトレンド転換の予想に活用できます。

上位足 米ドル/円 4時間チャート（2020年2月26日～2020年4月6日）

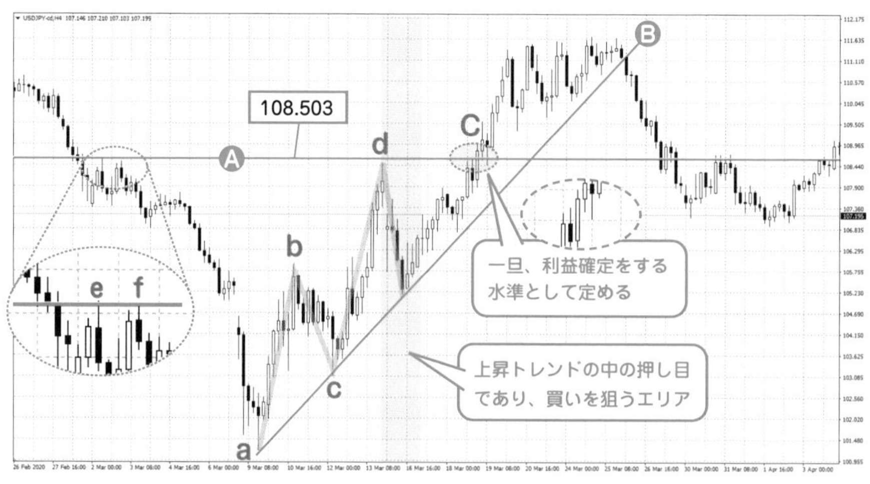

15分足の解説

4時間足の相場環境認識が完了した後、15分足に拡大すると、108.503円に引けるレジスタンスライン**Ⓐ**が見えます。15分足だけを見ていてはこのラインに気づくことは難しいですが、上位足分析で認知しているかどうかでトレードの質はかなり変わってくるのは言うまでもないでしょう。

さて、15分足ではレジスタンスラインⒶで高値aを付けた後、大きくギャップダウンして下落が始まりました。

このような場面では例え上位足が上昇トレンドであるとは言え、むやみに買いを仕掛けるのは危険です。上昇トレンドが必ず続く保証はないですし、上昇トレンドから下降トレンドへの転換の始まりかもしれません。

買いを仕掛けるにはそれなりの根拠が必要となります。

その後、為替レートは高値bを付けた後、c、dと**下降トレンドラインⒷ**に沿って下落しているのが確認できます。

つまり、このまま15分足で下降トレンドラインに沿って下落が続けば上位足の上昇トレンドが崩れる可能性が高まりますし、逆に、下降トレンドラインを上にブレイクすれば、上位足の上昇トレンドがまだまだ続く可能性が高いのです。

下位足 米ドル/円 15分足チャート（2020年3月13日〜2020年3月17日）

今回のケースでは、下降トレンドラインを上に抜け下降の勢いが弱まりました。ここで、先にも説明した通り、下降トレンドラインをブレイクした瞬間に買いエントリーは不可です。

ダウ理論でも下位足の下降トレンドはまだまだ継続中ですし、このまま転換する根拠とはなりません。

買いを仕掛けるには、**リターンムーブ後の第２波**を待つか、**下位足がダウ理論で上昇に転換**するのを確認しなければなりません。

今回は下降トレンドラインを上抜けしたのち、**リターンムーブ**が発生。その後、下降トレンドライン上で反発しており**買いエントリー（買１）**を実施することができます。

まさに、絵に描いたような教科書通りの展開です。

もし、リターンムーブ後の第２波を取り逃してしまった場合や、リターンムーブ自体がなかった場合も、焦ってエントリーすることは避けましょう。

最悪なのは、追っ掛け買いをして悪いレートでポジションを取ってしまうことです。そうなると、少し反対の方向に動いただけで不安になり損切りをし、損切りした瞬間に自分の思った方向に相場が動く、といった具合にトレードが崩れてしまいます。

こんな時は、落ち着いて 15 分足がダウ理論で上昇トレンドに転じたことを確認して、じっくりとエントリーポイントを探してくことが大切です。

下降トレンドラインを上抜けし、
リターンムーブが発生して反発し
たところで買いを入れましょう！

Chapter 3
演習問題
2 上位足のレジスタンスを抜けた後に買いを仕掛けよう

Q 演習問題1の続きです。4時間足で相場環境認識を行い、トレンド判断と水平線・トレンドラインを引いてください。その後、15分足にラインを引いてエントリーポイントを見つけてください。

上位足 米ドル/円　4時間足チャート（2020年2月27日〜2020年4月10日）

下位足 米ドル/円　15分足チャート（2020年3月18日〜2020年3月20日）

4時間足は依然として上昇トレンドを継続中です。15分足では、108.503円に引ける水平線と上昇トレンドラインが交わる箇所が発生しており、絶好の買いポイントとなります。

4時間足の解説

トレンドの認識

演習問題1で解説した通り、高値 b → d、安値 a → c とそれぞれ切り上げているので**上昇トレンドが発生**しています。

その後も、安値 e を付けた後、高値 f まで安値を切り下げることなく上昇しているので、**上昇トレンド継続**となり、**買いを狙うエリア**となります。

サポート及びレジスタンスの認識

こちらも108.503円の水準に引ける**水平線Ⓐ**と、安値 a を起点として安値 c、e を結んで**上昇トレンドラインⒷ**が引けます。

以上で上位足のトレンド判断とレジサポ認識の相場環境認識が完了となりますので、下位足に移ってエントリーポイントを探っていきましょう。

上位足　米ドル / 円　4時間足チャート（2020年2月27日〜2020年4月10日）

15分足の解説

今回の15分足チャートでは、4時間足で認識できる**108.503円の水平線Ⓐが引**

けているかどうかで勝負が決まります。

例えば、水平線Ⓐを認識せずに、水平線と重なるDのエリアで買いエントリーするのは自分からみすみす負けに行くようなものです。

また、安値gを起点に**上昇トレンドラインⒸ**が引けますが、Eの反発箇所もすぐ上に**レジスタンスとなる水平線Ⓐ**があるので、そこでの反落を警戒しなければなりません。

水平線（A）は上位足で何度も反落している**強力なレジスタンスライン**であり、例え上位足が上昇トレンドであろうと買いは控え、水平線Ⓐを上に抜けた後に仕掛けるほうが勝率は高いと言えます。

上昇の障害がなくなった後に、ストレスなくトレードできるポイントを狙うのです。

レジサポ転換後の第2波を狙おう

実際に、レートはDのエリアから一度反落したものの、その後に水平線Ⓐを上抜けました。ここで、**レジサポ転換後の第2波は絶好の買い場**となるので、**買1**のポイントでエントリーすることができます。

そして今回、**買1は水平線Ⓐと上昇トレンドラインⒸが交わり**、1つの根拠だけではなく、2つも根拠が発生しています。

このように複数のラインが交わり**根拠が2つ以上ある**場合は、更に反転する確率が上がるため、**強力な反転ポイント**となるのです。

下位足 米ドル/円　15分足チャート（2020年3月18日～2020年3月20日）

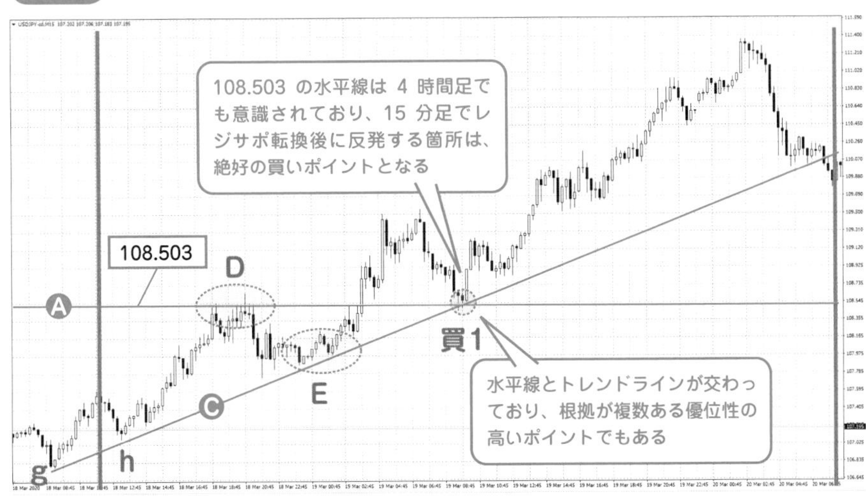

Chapter 3

演習問題 3

上位足で意識される最安値・最高値に注意を払おう

Q 4時間足で相場環境認識を行い、トレンド判断と水平線を引いてください。その後、15分足にラインを引いてエントリーポイントを見つけてください。

上位足 米ドル/円 4時間足チャート（2020年3月20日～2020年4月28日）

下位足 米ドル/円 15分足チャート（2020年4月13日～2020年4月15日）

4時間足のトレンド状態は下降トレンドであり、106.919円に水平線が引けます。15分足ではレジサポ転換後の反落や、下降トレンドライン上での反落ポイントで売りを狙うことができます。

4時間足の解説

トレンドの認識

まず、高値aから安値b、その後、高値cから安値dに落ちる過程で高値と安値がそれぞれ切り下がり、**下降トレンドの発生**です。

しかしその後、安値dから高値eへ上昇する際に高値cを切り上げてしまいました。ここで下降トレンドが崩壊し、**レンジ相場**となります。

その後、高値eから安値fを付け、高値gを付けた後、安値fを下に抜けたので**再び下降トレンドの発生**です。

つまり、**問題文の時間帯では売りを狙う場面**であり、**15分足に拡大してエントリーポイントを探していきます。**

慣れている方はダウ理論で瞬時に下降トレンドと判断できたと思いますが、よくわからない場合は、このように少し前から順番に整理していきましょう。

上位足 米ドル/円　4時間足チャート（2020年3月20日～2020年4月28日）

サポート及びレジスタンスの認識

下位足でエントリーポイントを探す前に、**トレード方向の障害となる上位足のレジスタンスとサポートを把握しておく必要があります。**

レジスタンスとサポートは、２つの高値や安値を結んだ水平線以外にも、上位足で確認できる直近の最安値や最高値も意識される水準となります。

今回のチャートでは 106.919 円の安値 **d** が、売りを仕掛けた他の投資家が利益確定を意識する水準となります。

売り建玉の決済は買いですから、皆が一斉に利益確定をすれば、当然その水準で買い圧力が発生し、レートが反転する可能性が高まります。

実際に、今回のチャートでも安値 **h** を付けた後はきれいに 106.919 円のサポートラインで反発しています。

15 分足や 5 分足だけを見ていては 106.919 円のサポートの存在に気づけないので、必ず上位足を見て大きな相場イメージを把握しておく必要があるのです。

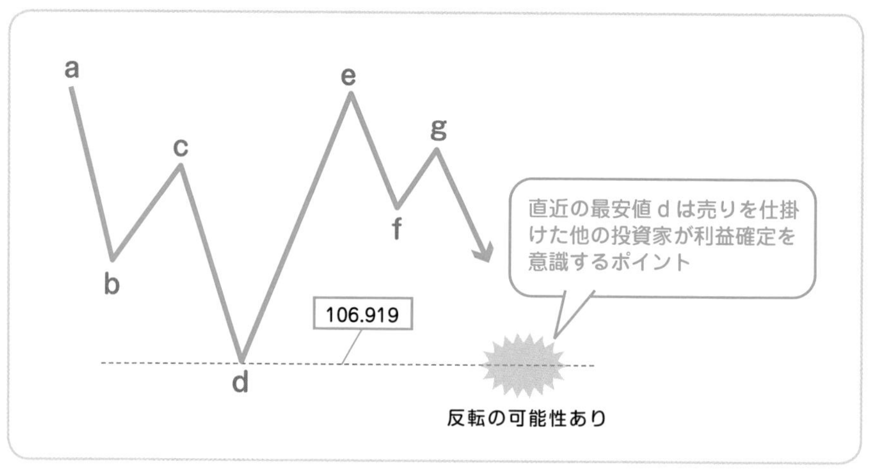

15 分足の解説

上位足で下降トレンドと認識できたので、15 分足では売りを狙う場面です。

安値 **i** と高値 **k** を結んで**レジスタンスライン**Ⓐが引けます。

レジサポ転換が起きているラインであり、このライン上で反落した箇所は売りポイントとなります（**売 1** と**売 2**）。

その後、次の図のように**下降トレンドライン**Ⓑも引けるので、万が一レジサポ転換のポイントを逃してしまった場合でも、落ち着いて下降トレンドライン上での反落箇所を狙うことができます（**売3**）。

最後に、15分足チャートには表示されていませんが、最安値106.928円のすぐ下には4時間足の最安値106.919円のサポートラインがあるので、売りポジションの利益確定の目安となります。

下位足 米ドル/円 15分足チャート（2020年4月13日～2020年4月15日）

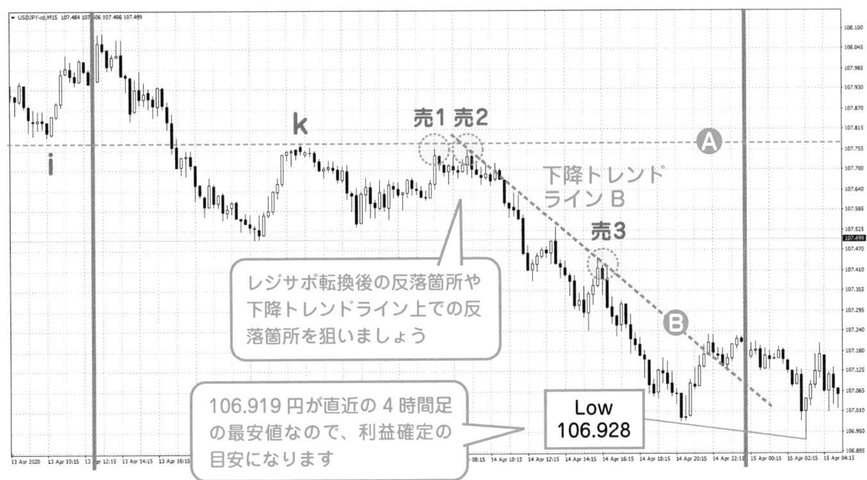

レジサポ転換の起きた売り1、売り2で仕掛け、そこを逃したら下降トレンドラインB上での反落を狙いましょう！

Chapter 3

演習問題

4 売りを狙う際は上位足のサポートに注意を払おう

Q

４時間足で相場環境認識を行い、トレンド判断と主要な最安値にサポートラインを引いてください。その後、15 分足にラインを引いてエントリーポイントを見つけてください。

上位足 米ドル / 円　**4 時間足**チャート（2020 年 1 月 29 日〜 2020 年 3 月 9 日）

下位足 米ドル / 円　**15 分足**チャート（2020 年 2 月 27 日〜 2020 年 3 月 2 日）

109.663

108.303

4時間足のトレンド状態は下降トレンドであり、主要な安値である109.663円と108.303円に水平線が引けます。15分足ではレジサポ転換後の反落や下降トレンドライン上での反落で売りを狙えます。

4時間足の解説

トレンドの認識

ダウ理論でトレンド判断を行うと、高値**a**を付けた後、安値**b**まで下がり、高値**c**の後に安値**b**を切り下げているので下降トレンドとなり、下位足で売りを狙う場面とわかります。

サポート及びレジスタンスの認識

109.663円の水準に何度も反転している**水平線Ⓐ**が引けます。

また、直近の最安値が108.303円となっており、ローソク足3本も反発しています。

よって、**15分足のチャートで売り**を仕掛けた際は、108.303円付近が**一旦利益の確定**を行う目安水準となります。

（※今回は反発も特になく、108.303円を下に抜けています。）

上位足 米ドル/円 4時間足チャート（2020年1月29日～2020年3月9日）

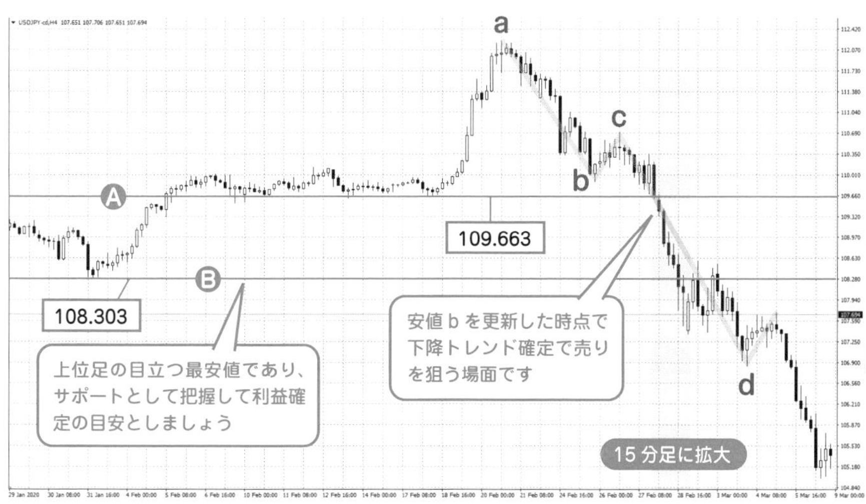

下降トレンドでもすぐ下にサポートがある時は要注意

ここで、よくある失敗例として、安値 **b**（109.891 円）を切り下げた時点ですぐに売りを仕掛ける行為があげられます。

4 時間足の広いチャートを分析できていれば、すぐ下の 109.663 円にサポートとなる**水平線Ⓐ**が引けることがわかります。

もし、109.663 円〜 109.891 円の間で売りを仕掛けた場合、109.663 円のサポートで買い圧力が強まり、思惑通り下に下落しないリスクがあります。

実際に今回のケースでは、下降トレンド確定後に、109.663 円のサポートで 4 時間足のローソク足が 3 回反発しており、4 本目のローソク足ではじめて下にブレイクしています。

このような危険なエリアでは、無理に売りを仕掛けてもなかなか下落せず損切りとなるリスクが高くなります。

よって、様子見に徹し、**水平線Ⓐ（109.663 円）を下抜けた後に売りを仕掛ける**ことで、妨げとなる障壁が 1 つ減り、高勝率なトレードへとつながっていきます。

15 分足の解説

上位足の解説の通り、109.663 円に引ける**水平線Ⓐを下抜けた後に売りポイントを探していく**流れとなります。

すると、水平線Ⓐを下に抜けた後、レジサポ転換後の反落箇所である**売 1** が最初のポイントとなります。

次に、15 分足チャートで◌を結んで水平線Ⓒが引け、反落箇所が**売 2** のポイントとなります。

その他、高値 **e** を起点に高値 **f** を結んで**下降トレンドラインⒺ**が引けますので、そのライン上での反落箇所も売りポイントです。

今回は、下降トレンドラインⒺに、**レジサポ転換が起きている水平線Ⓓ**が交わっており、**売 3 は絶好の売りポイント**と言えます。

水平線Ⓑが引ける 108.303 円の水準は、利益確定の目安となります。

下位足 米ドル / 円　**15 分足**チャート（2020 年 2 月 27 日～ 2020 年 3 月 2 日）

下降トレンドラインＥと3 本の水平線の交点に売りポイントがあります。

Chapter 3
演習問題
5

ラインを引く際は数 pips の誤差を許容して引こう

Q 4 時間足で相場環境認識を行い、トレンド判断と水平線を引いてください。その後、15 分足にラインを引いてエントリーポイントを見つけてください。

上位足 米ドル / 円　**4 時間足**チャート（2019 年 10 月 17 日〜 2019 年 11 月 26 日）

下位足 米ドル / 円　**15 分足**チャート（2019 年 11 月 13 日〜 2019 年 11 月 14 日）

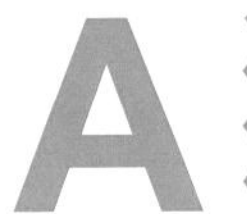

4時間足のトレンド状態は下降トレンドであり、108.251円に水平線が引けます。15分足ではレジサポ転換後の反落や、下降トレンドライン上での反落ポイントで売りを狙うことができます。

4時間足の解説

トレンドの認識

ダウ理論より、高値aから安値b、高値cから安値dと、高値と安値をそれぞれ切り下げているので**下降トレンド**です。つまり、15分足では売りを狙う場面です。

参考までに、その前のトレンド状態は安値a'→高値b'、安値c'→高値aと高値と安値を切り上げているので**上昇トレンド**でした。

52ページで解説した通り、安値bを下に抜けた時点で上昇トレンドから下降トレンドへ**トレンド転換**したことになります。

上位足 米ドル/円 4時間足チャート（2019年10月17日～2019年11月26日）

サポート及びレジスタンスの認識

4時間足チャートの左側にて、長い下ヒゲを伴った安値108.289円と安値108.251円のローソク足が発生しており、この水準では買い圧力が強く、**水平線Ⓐ**が引けるとわかります。

その後、安値a'まで下がる過程で108.251円の水平線Ⓐはブレイクされていますが、よく見ると、一度下に抜けた後も今度はレジスタンスとして機能し、**4時間足ローソク足を5本も止めている**のが確認できます（6本目で上に抜けています）。

上位足でこのような攻防が起きた水準というのは、次にレートがその水準に達した際に、**再び買いと売りの攻防が起こる確率が高い**です。

なので、サポートラインとして認識しておく必要があります。

15分足の解説

上位足で下降トレンドと判断できたので、15分足で売りのポイントを探していきます（次ページ図）。

まず、安値eと安値fを結んで**水平線Ⓑ**が引けます。

その後、サポートである水平線Ⓑを下に抜けた後、**レジサポ転換で今後はレジスタンスとして機能**しますので、水平線Ⓑでの反落箇所が**売りポイント（売1、2、3）**です。

なお、**売1**では上ヒゲを付けて水平線を上に一度抜けましたが、ラインから2pipsしか離れておらず、**誤差の範囲内**と言えます。

そもそも、FXのマーケットである外国為替市場には、ラインを使うテクニカルトレーダー以外にも、ファンダメンタルズ分析を重視する機関投資家や、実需取引の企業など、多数のプレイヤーが参加しています。

なので、必ずしもラインピッタリに反転することはなく、数pipsの誤差は許容する姿勢が大切です。

次に、高値hを起点に**下降トレンドラインⒹ**が引けますので、下降トレンドライン上での反落箇所である**売4**はエントリーポイントです。

また、**水平線Ⓒと下降トレンドラインⒹが交わる売5**も、複数の根拠があることから絶好の売りポイントとなります。

最後に、上位足で分析した108.251円の**水平線Ⓐ**では、15分足を見ても2度もレートが反発しています。

安値108.244をつけた後、レートは109円台まで上昇しているので、水平線Ⓐが引けていれば利益確定の水準であったことを事前に察知することができました。

下位足 米ドル / 円　15分足チャート（2019年11月13日〜2019年11月14日）

下降トレンドラインDを引き、水平線と交わるラインで売りをエントリーできますね。

Chapter 3
演習問題
6

失敗事例から考える損切り位置の難しさ

Q 4時間足で相場環境認識を行い、トレンド判断と水平線を引いてください。その後、15分足にラインを引いてエントリーポイントを見つけてください。

上位足 ユーロ / 米ドル　**4時間足**チャート（2020年4月27日～2020年6月4日）

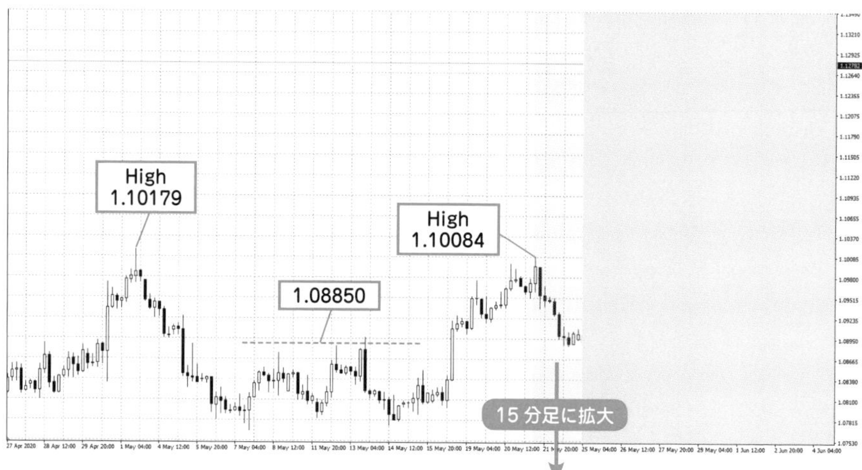

下位足 ユーロ / 米ドル　**15分足**チャート（2020年5月21日～2020年5月25日）

4時間足のトレンド状態は上昇トレンドです。1.08850と1.10179の水準に水平線が引けます。15分足では1.08850の水平線での反発で買いを仕掛けることができますが、結局、損切りになっています。

4時間足の解説

トレンドの認識

ダウ理論より、安値aから高値b、安値cから高値dと、高値と安値をそれぞれ切り上げているので**上昇トレンド**です。つまり、15分足では買いを狙う場面です。

サポート及びレジスタンスの認識

1.08850の水準に何度も反転している**水平線Ⓐ**が引けます。安値cから高値dまで上昇する際にレジスタンスラインである水平線Ⓐを上抜けましたので、水平線Ⓐは今後は**サポートラインとして機能**します。

つまり、レートが1.08850の付近まで下げた場面では買いエントリーする好機となります。

その他、高値1.10179と高値d（1.10084）を結んで**水平線Ⓑ**が引けます。それぞれの高値で10pips程度の差がありますが、反転していることからも主要なレジスタンス帯として認識し、利益確定の目安にすることができます。

上位足 ユーロ/米ドル　4時間足チャート（2020年4月27日～2020年6月4日）

15分足の解説

上位足の4時間足は上昇トレンドの中の一時的な下落をしている場面です。

小さな下落トレンドが終わったタイミングでエントリーを見計らっていきます。

今回は、高値eを起点に、f、gを結んで**下降トレンドラインⒸ**が引けます。

その後、hで一時的に下降トレンドラインをブレイクしましたが、売り圧力も相応に強く、**下降トレンドライン上に沿って下落**しています。

リターンムーブ後の第2波も、下位足のダウ理論が上昇トレンドに転換することもなく、下降トレンドラインを使ったエントリーポイントは有りません。

もし、ルールを破り下降トレンドラインを上抜けた瞬間にエントリーすると、高値掴みの状態となり含み損を抱えるため、苦しいトレード展開となります。

一方で、他の根拠としては、4時間足で引ける1.08850の**水平線Ⓐ上での反発（買1）がエントリーポイント**として挙げられます。

下位足 ユーロ/米ドル 15分足チャート（2020年5月21日〜2020年5月25日）

水平線上の反発エントリーで失敗する事例

ここまでの問題をやってみて、「ラインを使ったトレードはこんなに簡単なんだな！」や「たまたまうまくいった都合の良いチャートだけを選んでいるのでは？」など、いろいろな感想を持たれた方もいるでしょう。

FXは投資である以上、100発100中の『確実』に稼げる手法は存在しません。もし**予想と異なる展開となった場合には、損切りを素早く行う**必要があります。

そして今回のケースでは、その後の15分足チャートを見ると、**買1**でエントリーした後にサポートである水平線Ⓐを一時的に割り込み、1.08707まで14pipsほど下落しています。

4時間足を見ればわかりますが、ユーロ/米ドルは最終的に1.13台まで大幅に上昇しています。しかし、**水平線Ⓐを根拠に買いエントリー**して、そのすぐ下に損切り注文を置いたトレードでは、一時的に水平線Ⓐを割り込んだ場面で損切りにあっています。

損切り幅を20pips以上に広く置けば、損切りは免れたかもしれませんが、それは結果論であり、トレードをしていく中でこのような事例は多々発生するので、**必要コストとして割り切って考える姿勢が大切**です。

下位足　ユーロ/米ドル　15分足チャート（2020年5月21日〜2020年5月25日）

Chapter 3
演習問題
7

スイングハイ・ローで正確に高値・安値を決めよう

Q 4時間足で相場環境認識を行い、トレンド判断をしてください。その後、15分足にラインを引いてエントリーポイントを見つけてください。

上位足 ユーロ/米ドル　**4時間足**チャート（2020年1月6日～2020年2月13日）

下位足 ユーロ/米ドル　**15分足**チャート（2020年1月31日～2020年2月3日）

4 時間足のトレンド状態はスイングハイ・ローの n=5 本で分析すると下降トレンドであり、一時的な戻りをつけている場面です。
15 分足ではレジサポ転換後の反落で売りを狙うことができます。

4 時間足の解説

トレンドの認識

今回はダウ理論のトレンド判断がやや難しいチャートでした。

少し前から順番に整理していくと、まず安値 **a** から高値 **b** →安値 **c** →高値 **d** と高値と安値をそれぞれ切り上げているので**上昇トレンド**が発生しています。

しかしその後に、安値 **c** を切り下げて安値 **e** まで下落したので上昇トレンドが崩壊し、レンジ相場に移行しました。

更に、高値 **f** をつけた後、安値 **g** で安値 **e** を切り下げたため、高値 **d** →高値 **f**、安値 **e** →安値 **g** と高値・安値をそれぞれ切り下げており、**レンジ相場から下降トレンド**に切り替わっています。

その後も安値 **i**、高値 **j** ともに、前回の高値・安値を切り上げることなく推移しているので**下降トレンドが継続**していると判断できます。

つまり、**15 分足では売り**を狙っていくことになります。

上位足 ユーロ / 米ドル 4 時間足チャート（2020 年 1 月 6 日～ 2020 年 2 月 13 日）

スイングハイ・ローによる高値・安値の定義を思い出そう

今回のチャートでは、61 ページで解説した高値・安値の決め方により、**トレンドの認識が異なる典型的な例**です。

読者様の中には、安値 i から高値 j へ上昇する過程で、ダウ理論による高値と安値を更に細かく刻んで、次図の右側のように上昇トレンドと判断した人もいるのではないでしょうか。

一貫性のあるルールの下にそのような判断をされたのであれば、完全に間違いとは言えません。

しかし、**スイングハイ・ロー**で高値と安値を判断する際に、**左右のローソク足の本数が「5 本」であるルール**に従うと、今回は片方が「3 本」となっており 5 本を満たしていません。

よって、安値 i と高値 j の間にはダウ理論による高値と安値を決めることができず、下降トレンド継続中とみなすことができます。

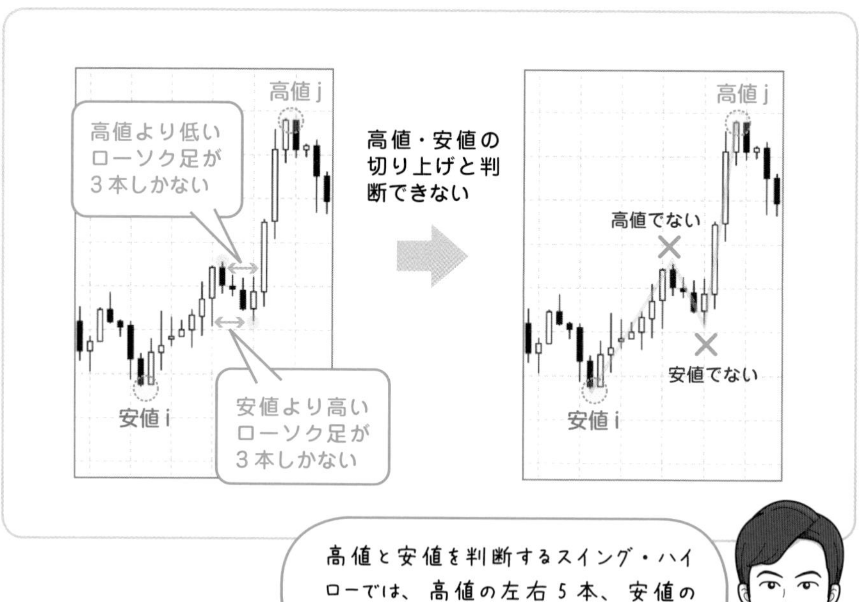

15分足の解説

上位足で下降トレンドと判断できたので、**15分足では売りポイントを探っていく**ことになります。

すると、水平線Ⓐを下抜けした後、**レジサポ転換後の反落**が起きており、売りエントリーを狙う（**売1**）ことができます。

また、チャートパターンの三角保ち合いを下に抜けていることからも、売りの根拠をより一層強めてくれています。

下位足 ユーロ/米ドル　15分足チャート（2020年1月31日〜2020年2月3日）

上位足でトレンドを判断し、下位足でエントリーポイントを探ります。
ここでは水平線のレジサポ転換後の反落でわかりますね。

Chapter 3

演習問題

8 ダウ理論は時間をかけて冷静に分析していこう

Q 4時間足で相場環境認識を行い、トレンド判断をしてください。その後、15分足にラインを引いてエントリーポイントを見つけてください。

上位足 英ポンド / 米ドル **4時間足**チャート（2020年5月7日～2020年6月16日）

下位足 英ポンド / 米ドル **15分足**チャート（2020年5月29日～2020年6月2日）

4時間足のトレンド状態は上昇トレンドであり、1.24250の水準に水平線を引くことができます。15分足では上昇トレンドラインと水平線上での反発で買いを狙うことができます。

4時間足の解説

トレンドの認識

今回のチャートはトレンドが目まぐるしく変化している難しい相場環境と言えます。一つ一つ整理してダウ理論によるトレンド判断のスキルを鍛えましょう。

まず、安値aから高値bへ上昇して直前の**①下降トレンドが崩壊してレンジ相場**へ移行しました。その後、高値b→高値d、安値c→安値eと高値と安値をそれぞれ切り下げて**②レンジ相場から再び下降トレンド**に移行しています。

さらに、安値eから高値fまで上昇して高値が切り上がったので、**③下降トレンドが崩壊してレンジ相場に移行**し、安値gまで下落した後に高値fを更新したので**④レンジ相場から上昇トレンドへ転換**しています。

慣れてくると、安値e→安値g、高値f→更新、と**瞬時に上昇トレンドと判断**できますが、相場環境認識はエントリーポイントを探すわけではなく、焦る必要はありません。なので、最初は時間をかけて丁寧に情報を整理していくのが良いでしょう。

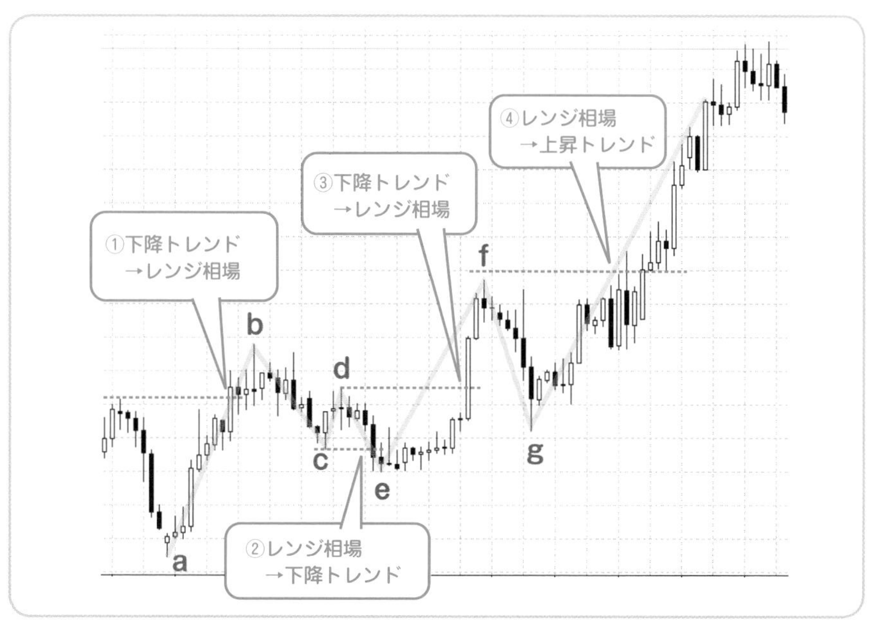

サポート及びレジスタンスの認識

買い方向の障害となるレジスタンスですが、1.24250（H）の水準に4時間足のローソク足が4本も止められている水準があります。

長い上ヒゲもあり、1本だけのラインを引くことは難しいですが、**1.24250付近の水準はレジスタンスとして注意**する必要があります。

上位足 英ポンド / 米ドル　4時間足チャート（2020年5月7日〜2020年6月16日）

15分足の解説

15分足を分析すると、安値aと安値bを結んで**上昇トレンドライン**Ⓐが引けます。

また、安値cと安値dを結んで**サポートライン**Ⓑが引けており、上昇トレンドラインと交わっているため、反発している買1は**絶好の買いポイント**となります。

まさに教科書通りのエントリーポイントであり、チャート分析してこのようなポイントを見つけたら、自信をもってエントリーしていきましょう。

一方で、4時間足で1.24250のレジスタンスラインは、Cの箇所でいったんレートを反落させていることからも、実践では利益確定の目安水準になります。

結局、今回の場合は1.24250のレジスタンスラインを上に抜けて、更に上昇が続きました。

ただ、買1から1.24250までは約50pipsほど値幅を取ることができ、十分な利益が見込めるトレードとなります。

下位足 英ポンド / 米ドル 15分足チャート（2020年5月29日〜2020年6月2日）

Chapter 3
演習問題
9

トレンド転換のチャートパターンを認識しよう

Q

4時間足で相場環境認識を行い、トレンド判断と水平線を引いてください。その後、15分足にラインを引いてエントリーポイントを見つけてください。

上位足 英ポンド/円 **4時間足**チャート（2020年5月19日～2020年6月26日）

下位足 英ポンド/円 **15分足**チャート（2020年6月10日～2020年6月12日）

4 時間足のトレンド状態は下降トレンドであり、反転パターンであるヘッドアンドショルダーが完成しています。15 分足では水平線のレジサポ転換後の反落で売りを狙うことができます。

4 時間足の解説

トレンドの認識

レートは安値 **a** から高値 **b** まで勢いよく上昇し、その後も安値 **c** まで少し下落した後、再び高値 **d** まで長い陽線を何本も作り上昇しています（次ページ図）。

その後、安値 **e** をつけた後、高値 **f** まで上昇し、安値 **e** を割り込んだ時点で**上昇トレンドから下降トレンドに転換**しています。つまり、15 分足では**売りを狙う場面**です。

また、頭 =**d**、左肩＝ **b**、右肩 =**f** で、転換パターンの代表格である**ヘッドアンドショルダー**を完成させており、売り目線が強まっていることがわかります。

サポート及びレジスタンスの認識

レジサポを確認すると、安値 **c**（135.957 円）と安値 **e**（136.233 円）の水準にヘッドアンドショルダーの**ネックラインとなる水平線**が引けます。

しかし、4 時間足レベルともなれば、なかなかピッタリに 1 本の線を引くことが難しい場合が多々あります。

加えて、ネックラインは必ずしも 1 本で水平に引けるとは限りません。

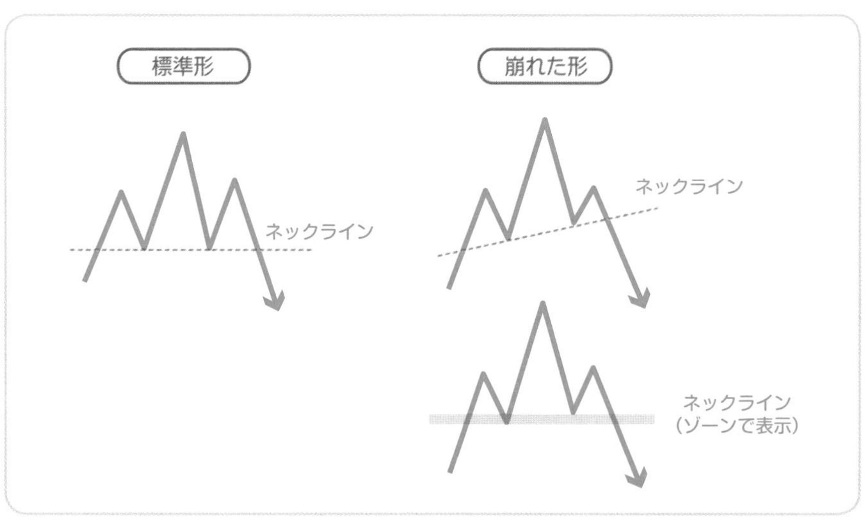

ヘッドアンドショルダーであっても、ネックラインが水平に引ける**きれいな標準形**と、ネックライン上が**斜めになる崩れた形**が存在します。

このような時は、ネックラインを斜めに引いて判断するか、２本の水平線で囲まれる領域を**水平線の集合体であるゾーン**として捉えて判断していきます。

今回は、135.957 ～ 136.233 の領域を水平線のゾーンが存在しているエリアと考えていきます。

上位足 英ポンド / 円　**4 時間足**チャート（2020 年 5 月 19 日～ 2020 年 6 月 26 日）

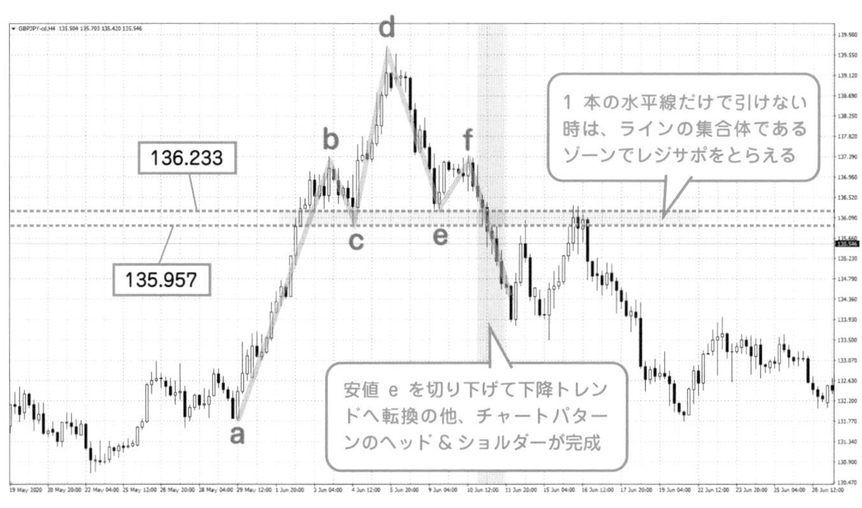

1 本できれいに引けないネックラインは、ゾーンとして考えることもできますね。

15分足の解説

15分足に拡大すると、4時間足で引いた135.957～136.233円の水平線で挟んだゾーンは次のチャートの青塗の部分になります。

今回は、単純に135.957円に水平線を1本引くだけで、レジサポ転換後の**売1**のポイントを見つけられますが、**ゾーンで捉えることで、より視覚的に意識されるレジサポを見つけてトレードに活かすことができます。**

下位足 英ポンド/円 15分足チャート（2020年6月10日～2020年6月12日）

15分足で見ると、ゾーンはよりはっきりと見えます。売1でレジサポ転換となります。

Chapter 3
演習問題
10

レンジ相場の時はトレンドが明確になるまで待とう

Q 4時間足で相場環境認識を行い、トレンド判断を行ってください。その後、15分足にラインを引いてエントリーポイントを見つけてください。

上位足 ユーロ/米ドル **4時間足**チャート（2020年6月1日～2020年7月9日）

下位足 ユーロ/米ドル **15分足**チャート（2020年6月26日～2020年6月30日）

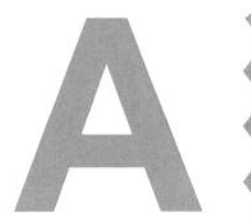

4時間足のトレンド状態はレンジです。よって、どちらの方向にトレンドが出るか不透明感が強い場面であり、15分足での取引は控えるべき相場環境です。

4時間足の解説

トレンドの認識

今回の4時間足チャートは、ダウ理論でトレンドが発生しておらず**レンジ相場と判断できます**。つまり、買いも売りも控え、何もしない様子見が最善策となります。

順番に分析していきましょう。

まず、高値a→安値b→高値cときて、安値dまで下がる過程で**安値bを切り下げた時点で下降トレンド発生**です。

その後、高値e、安値fとそれぞれ切り下げているので下降トレンドが継続していましたが、安値fの後に高値eを上に抜けた時点で下降トレンドが崩壊し、レンジ相場です。

結局、それ以降も高値g、安値h、高値iと、高値・安値をそれぞれ切り上げも切り下げもせず、**レンジ相場**が続いています。

このような時は、無暗に手を出して負けることは悪手であり絶対に避けなければならないので、明確なトレンドが発生するまで**とことん待つ姿勢**を採りましょう。

上位足 ユーロ/米ドル 4時間足チャート（2020年6月1日～2020年7月9日）

日足チャートを見ても方向感なく推移

もう一つ上の上位足である**日足チャート**を参考までに確認しましょう。

すると、４時間足で分析した 2020 年６月１日〜７月９日の期間は目立ったトレンドが発生しておらず、横ばいに推移しているのが確認できます。

このような時は上下に方向感なくレートが動いており、こまめに損切りを行っているうちにどんどん損失が積み重なる**「損切り貧乏」**に陥るリスクも高くなります。

取引回数は増えているものの、どんどん損失は膨らんでいる状態です。

負けた後に負けを取り返そうと無理をして取引し、結局負けが続き負の状態に陥っているのです。

日足で見ても明らかに横ばい推移が続いており、このように相場環境が良くない時は無理して手を出してはいけません。

上位足 ユーロ / 米ドル 日足チャート（2020 年６月１日〜 2020 年７月９日）

15分足の解説

上位足でレンジ相場となったので、下位足の15分足ではエントリーはできません。

参考までに、上位足の状態を無視して15分足だけを分析した時、どんなトレードができたのか分析してみましょう。

本書で紹介しているラインを使ったエントリーポイントは、その手法自体が相場環境に関わらずどの時間足でもある程度有効に機能する高勝率なポイントのみを抽出しています。

今回のチャートでは高値aと高値bを結んだ**水平線Ⓐのレジサポ転換後の反発（買1）**、安値cと安値dを結んだ**上昇トレンドラインⒷ上での反発（買2）**はエントリー後に含み益が出るポイントなっています。

これらのポイントに上位足の相場環境認識が組み合わさることで、より優位性の高いトレードが実現できると実感できたのではないでしょうか。

下位足 ユーロ/米ドル 15分足チャート（2020年6月26日〜2020年6月30日）

15分足だけを見ればレジサポ転換後の反発で買いエントリーできましたが、上位足がレンジなので本来は取引は控えましょう。

Chapter4

チャート分析 複合技編

Chapter4ではオシレーター系のインジケーターである「MACD」と「RSI」の使い方と、トレンド転換を推測する「ダイバージェンス」の手法について解説します。

Chapter 4
基礎知識
0

複数のインジケーターを使うことの弊害

チャート分析は「Simple is the best」

ここまでの解説では、チャート分析に「**ダウ理論**」と、チャートに線を引く「**ライン分析**」しか使用していませんでした。

FXのチャート分析には、ボリンジャーバンドや一目均衡表、移動平均線、MACDなど**多数のインジケーター（テクニカル指標）**がありますが、「それらも使わないとFXで勝てないのでは？」と少し不安に感じた方もいるかもしれません。

結論から言えば、**FXでは「ダウ理論」と「ライン分析」の２つの武器さえあれば、十分安定して利益を残すことが可能**です。

極端な話になりますが、私の知り合いの億トレーダーには、FXに「水平線」しか使用しないという人もいます。

そして、私も実際にそうですが、安定して稼いでいるトレーダーは、チャートに２～３種類のテクニカル分析しか使っていないとよく言われています。

逆に、何種類ものインジケーターをチャートに表示し、すべての売買シグナルを分析するやり方は非効率でとてもうまくいくとは思えません。

失礼な言い方になりますが、負けているトレーダーの典型であり、チャートを見ればだいたいその方の実力がわかります。

チャートに表示させる**インジケーターが増えれば増えるほど、ノイズとなるシグナルも増える**ので売買手法は無駄に複雑化し、エントリーの見極めで混乱したり、トレード機会が減ったりします。つまり、**デメリットのほうが大きくなる**わけです。

トレーダーの中には、「たくさんのインジケーターが同時に売買シグナルを示した時がチャンスだ！」なんて考えの方もいます。

しかし、テクニカルが機能するのはその裏に投資家の大衆心理があるからこそであり、その点を踏まえないでバラバラのインジケーターを使う手法は大衆心理の面を置き去りにしており本質的とは言えません。

無駄にインジケーターを表示させたチャート

次のチャートは、ボリンジャーバンド（2σ）、移動平均線（12EMA、26EMA）に加え、ストキャスティクス、MACD、ＲＳＩと、多数のインジケーターを表示させており、一見すると高度なチャートに見えます。

まるで、たくさんの武器が搭載されていて、凄腕のプロが使用するハイテクなチャートに思えますね。

しかし、はっきり言うとこのチャートには何の役にも立たない飾りが多く、高性能どころか害のほうが目立つと言えます。

例えば、後ほど説明しますが、**MACDやRSIなどのオシレーター系のインジケーター**は、基本的に「買われ過ぎ・売られ過ぎ」を示すので、２種類を表示しても同じ意味を示すことになります。

つまり、複数のインジケーターを使うのであれば、同じようなインジケーターではなく、**系統が異なりお互いに欠点を補完し合う組み合わせ**にしないと意味がないのです。

たくさんのインジケーターの表示は、ノイズが増えてうまくいきません！
ライン分析とダウ理論だけで安定して勝つことができます。

Chapter 4
基礎知識
00

オシレーター系のインジケーターを使う

トレンド系とオシレーター系のインジケーター

「ダウ理論」と「ライン分析」、これらのテクニカル分析に加えて、インジケーターを追加したい場合は、次の組み合わせがおすすめです。

オシレーター系はたくさんの種類がありますが、代表的な**「RSI（アールエスアイ）」**と**「MACD（マックディー）」**を使いこなせられれば十分です。

	トレンド系	オシレーター系
パターン1	ダウ理論、ライン分析	RSI
パターン2	ダウ理論、ライン分析	MACD
パターン3	ライン分析、移動平均線	RSI

そもそもオシレーター系とは、どのようなインジケーターでしょうか？

テクニカル分析には、現在のトレンド状態を示し、買い･売り･様子見の中から**「何を」「いつ」するべきかを示す「トレンド系」**と、「買われ過ぎ・売られ過ぎ」といった**相場の過熱感を示す「オシレーター系」**の２つの系統があります。

例えば、ダウ理論で上昇トレンドと認識し、ライン分析で買いエントリーしたとしても、その上昇トレンド自体の勢いが弱まっているとしたら、できるだけ早期に利益確定を実施するべきです。

では、現在のトレンドの勢いが弱まっていることを事前に察知する方法はあるのでしょうか？

それが、トレンド系と組み合わせて使う「オシレーター系」のインジケーターです。

つまり、トレンド系でトレンドとエントリーポイントを探すことに加え、**オシレー**

ター系でトレンドの強弱を知ることで、お互いに弱点を補完し合い、より精度の高い手法が完成するわけです。

RSIはダイバージェンスの発生に注目する

オシレーター系の代表格である**RSI**について解説します。

なお、オシレーター系は基本的にどれも示すことは同じなので、トレンド系の種類や相性を考えどれを選ぶか決めていきましょう。

RSI（相対力指数）は、過去一定期間の上昇変動と下降変動のどちらが強いのかを数値で表したもので、0～100%の範囲で表示されます。

RSIの見方は、**70%以上になったら買われ過ぎ、30%以下になったら売られ過ぎ**と読み解くことができます。

しかし、実践のトレードでは、上記のような「70%以上で買われ過ぎだから反落するだろう、よし売りだ！」「30%以下で売られ過ぎだからお得だ、よし買いだ！」なんて使われ方はしません。

RSIは**「ダイバージェンス」**と呼ばれる為替レートとRSIが反対の方向に進む場面を確認し、これを**トレンド転換を示唆するサイン**として活用するのです。

例えば、**為替レートが高値を切り上げて上昇**しているのに対し、**RSIが高値を切り下げている**場合、上昇トレンドの勢いが弱まり**下降トレンドへの転換を示唆するダイバージェンス**となります。

逆に、**為替レートが安値を切り下げて下落**しているのに対し、**RSIが安値を切り上げている場合、下降トレンドの勢いが弱まり上昇トレンドへの転換**を示唆するダイバージェンスとなります。

ダイバージェンスのまとめ

- **為替レートが上昇 & RSIが下落 ⇒ 下降トレンドへのサイン**
- **為替レートが下落 & RSIが上昇 ⇒ 上昇トレンドへのサイン**

MACDと関係が深い移動平均線について

RSIと並んで、よく使われるオシレーターが「**MACD**（マックディー）」です。

MACDは「**移動平均収束発散法**」と呼ばれるもので、トレンド系の代表的なインジケーターである**移動平均線を応用したもの**です。

まずは、基本的な移動平均線について整理しましょう。

移動平均線には、以下３つの種類があります。

- **単純移動平均線（SMA**：Simple Moving Average）
- **加重移動平均線（WMA**：Weighted Moving Average）
- **指数平滑移動平均線（EMA**：Exponential Moving Average）

単純移動平均線（SMA）は過去一定期間の価格（ローソク足の終値）の平均値を結んだ線のことで、移動平均線の向きでトレンド判断を行ったり、移動平均線とローソク足の位置関係でエントリーポイントを探したりすることができます。

しかし、過去の価格を単純に平均化した単純移動平均線では、相場が急に動いた時に為替レートに素早く追随できない欠点があります。

その欠点を解消するため、**過去の価格より直近の価格の比重を高めて計算**されたものが**加重移動平均線（WMA）**です。

そして、計算式は割愛しますが、更に**加重移動平均線に複雑な計算を加えて実践向きにしたものが指数平滑移動平均線（EMA）**となります。

単純移動平均線と指数平滑移動平均線を比べると、指数平滑移動平均線のほうがより早く為替レートの動きに反応しているのが確認できます。

そして、**MACD ではこの指数平滑移動平均線が採用**されています。

MACD ラインとシグナルライン

移動平均線が理解できたら、MACD の仕組みも理解することができます。

MACD は 2 つの指数平滑移動平均線（EMA）の差である「**MACD ライン**」と、MACD ラインの移動平均を取った「**シグナルライン**」の 2 つから構成されています。

MACD の標準的な設定

- **MACD ライン：期間 12 と期間 26 の EMA の差**
- **シグナルライン：MACD ラインの期間 9 の移動平均線**

RSI は 0 ～ 100%のパーセンテージが縦軸ですが、MACD の単位は為替レートの基本単位である「**pips**（ピップス）」**が縦軸**となります。

次図のチャートでは、**MACD ラインを灰色の棒グラフ、シグナルラインを青線**で示しています。

MACD を使うことで、相場の勢いが変化し、2 つの期間の移動平均線が離れたり、近づいたり、クロスしたりする様子を、グラフにより視覚的に把握することができるのです。

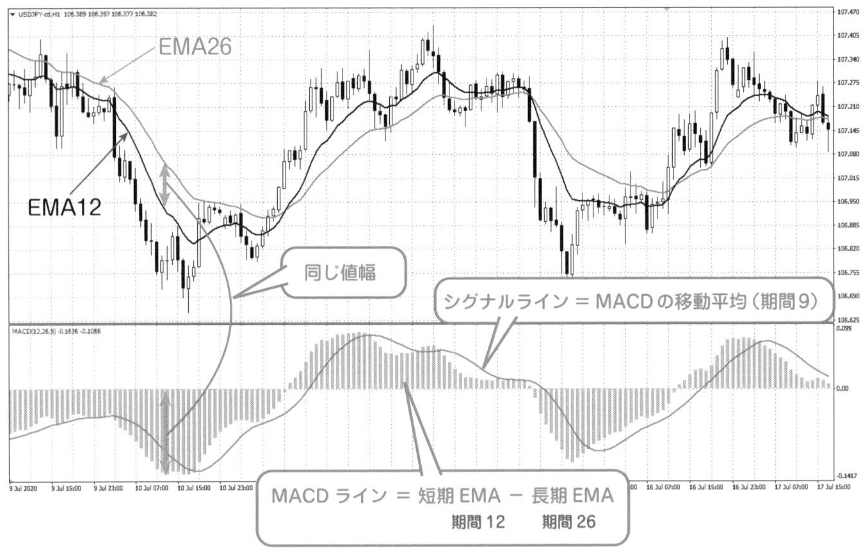

【注意点】
チャートソフトの種類によっては、MACD ラインが棒グラフではなく線グラフで表示されていたり、第 3 の要素として MACD ラインとシグナルラインの差をヒストグラムで表示していたりする場合もあります。本書では、世界基準のチャートソフト「MT4」のデフォルトの MACD を採用して解説していきます。

MACD でゴールデンクロスとデッドクロスを確認する

移動平均線の代表的な手法に、異なる２つの期間の移動平均線を表示させ、期間の短い移動平均線が期間の長いほうを下から上に抜けた時が「**買いサイン＝ゴールデンクロス**」、期間の短い移動平均線が期間の長い方を上から下に抜けた時が「**売りサイン＝デッドデンクロス**」、があります。

MACD ラインは２つの EMA の差を棒グラフで示したものなので、**MACD ラインがゼロになる点は、２つの EMA がクロスした時点**と同じになります。

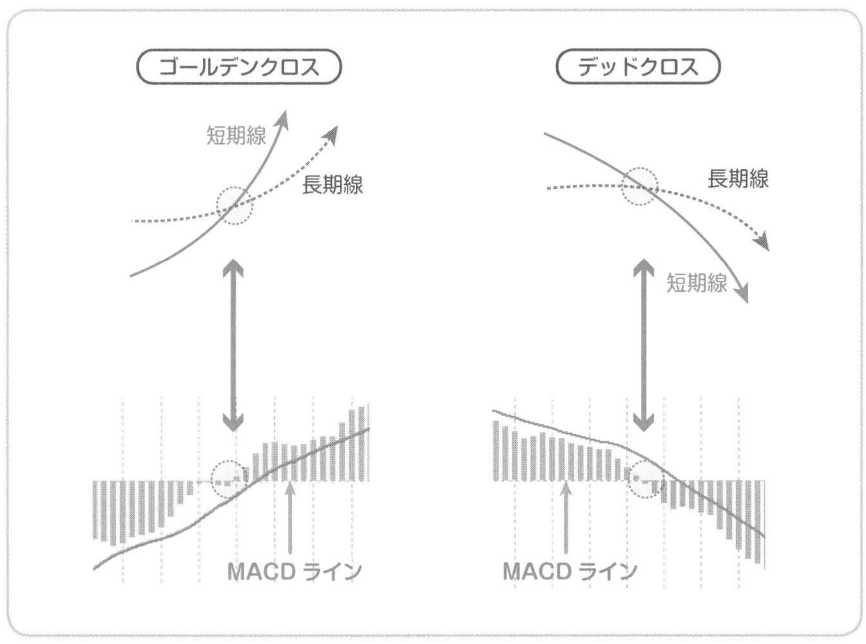

つまり、MACD を使えば、移動平均線の代表的な手法であるゴールクロス、デッドクロスの分析も使うことできるのです。

- **MACD ラインが下からゼロ値になる ＝ ゴールデンクロス**
- **MACD ラインが上からゼロ値になる ＝ デッドクロス**

MACD でダイバージェンスを確認する

RSI で解説した**ダイバージェンス**ですが、MACD でも同様に有効です。

為替レートが高値を切り上げて上昇しているにも関わらず、MACD ラインが高値を切り下げて下落している時、上昇の勢いが弱まっており、近々**下降トレンドへの転換が起きる可能性を示唆**します。

これは、為替レートと 2 つの異なる期間の移動平均線の動きから説明ができます。

まず、次ページのチャートにて **A** の時点で**ゴールデンクロス**が起き、ローソク足が勢いよく上昇しました。

為替レートが急に上昇すると、必ず期間が短い移動平均線である EMA12 が EMA26 より先に為替レートにつられて上昇します。これは、期間が短い分だけ、より現在の価格の変動を反映するからです。

その後、更に為替レートの上昇の勢いが強まると、EMA12 が一段と上昇して EMA26 との差がどんどん拡大しますので、MACD ラインが上昇します。

しかし、どんなに強い上昇トレンドもいつかは勢いが弱まり終焉を迎えますので、為替レートの上昇に限りが見え始めると（地点 **B**）、EMA12 が横向きか下向きになり、EMA12 と EMA26 の差が縮まります。

すると、EMA12 と EMA26 の差である MACD ラインも頭打ちして、下落し始めるので、MACD ラインの下落は短期 EMA の勢いが弱まっている、すなわち**為替レー**

トの上昇の勢いが弱まっているシグナルとなるのです。

今回は上昇トレンドから下降トレンドへの転換について解説しましたが、下降トレンドから上昇トレンドへの転換も全く同じ理屈となります。

MACD のダイバージェンスのまとめ

- **為替レートが上昇& MACD ラインが下落 ⇒ 下降トレンドへのサイン**
- **為替レートが下落& MACD ラインが上昇 ⇒ 上昇トレンドへのサイン**

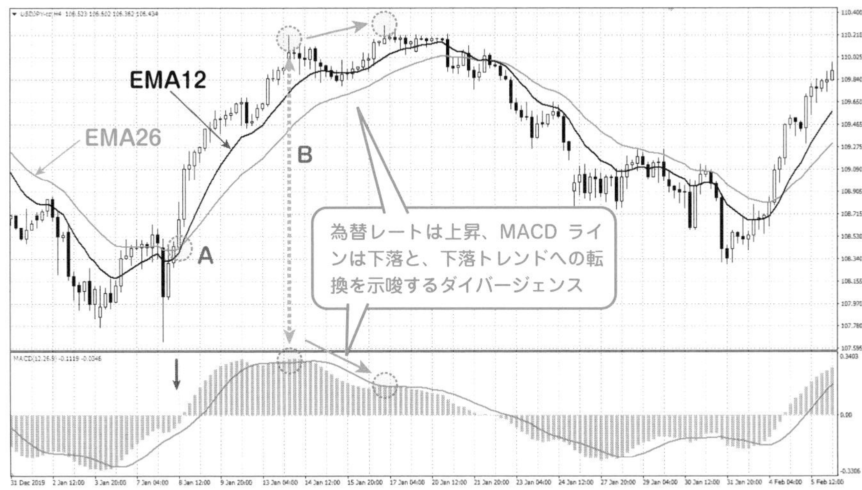

【演習問題の注意点】
第 4 章の演習問題に関して、ダウ理論によるトレンド判断は、すべて以下の条件で判断しています。

・ローソク足 5 本のスイングハイ・ロー

ダウ理論によるトレンド判断に加え、MACD や RSI のシグナルを加味し、総合的に売買方向を確認してください。

Chapter 4

演習問題 1

MACDのダイバージェンスでトレンド転換を見極める

Q 4時間足で相場環境認識を行い、トレンド判断を行ってください。その結果を踏まえ、15分足でエントリーポイントを見つけてください。

上位足 米ドル/円 **4時間足**チャート（2019年4月25日〜2019年6月3日）

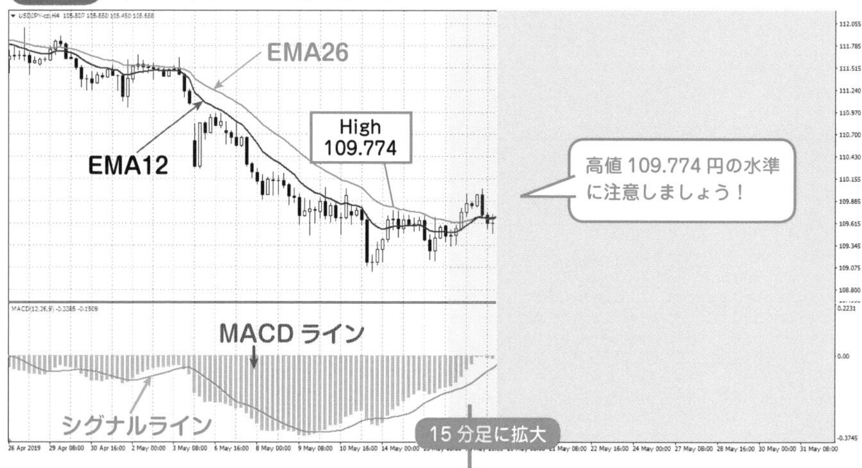

下位足 米ドル/円 **15分足**チャート（2019年5月15日〜2019年5月17日）

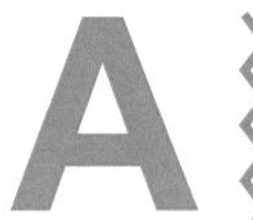

4時間足は下降トレンドから上昇トレンドへ転換しており、MACDもダウ理論の転換を裏付けるダイバージェンスが発生。15分足ではレジサポ転換後の反発で買いを狙うことができます。

4時間足の解説

トレンドの認識

4時間足でダウ理論によりトレンドの状態を確認すると、まず、高値 a → c、安値 b → d で**下降トレンドが発生**しています。その後、安値 f をつけた後、直近高値 e（109.774円）を上抜けた時点で高値・安値の切り上げとなるので**上昇トレンドへ転換**です（次ページ図）。

つまり、下位足の**15分足では買いを狙う場面**となります。

オシレーターの確認

トレンド転換の兆候はMACDを見ても確認できます。

為替レートが安値 b → d と切り下げる一方で、MACDラインは安値 b′ → d′ と切り上がっており、逆行現象である「**ダイバージェンス**」が発生しています。

つまり、下落の勢いが弱まっている証拠であり、近々トレンド転換が起きる可能性が高まっていると察知することができます。

132ページで解説した通り、**MACDラインはEMA12とEMA26の差を表示**しているので、高値 a から為替レートが勢いよく下落した際にはEMA12が先行して下落し、EMA26との差がどんどん拡大してMACDラインは下落します。

その後、為替レートの下落の勢いが弱まってくると、EMA12とEMA26の差が徐々に縮まってくるので、MACDラインは下向きから上向きに反転し、ゼロに向かって上昇します。

そして、最終的にEMA12がEMA26を下から上へクロス（ゴールデンクロス）した箇所は、MACDラインがマイナスからゼロ（g′）になった箇所であり、**トレンド転換が起きたとみなすことができます。**

このように、ダウ理論に加えてMACDを確認することで、トレンドの強弱を客観的に把握できるので、トレンド転換後のトレード根拠を裏付ける根拠を増やすことができます。

上位足 米ドル/円　4時間足チャート（2019年4月25日～2019年6月3日）

15分足の解説

今回は4時間足の高値e（109.774円）を上抜けた時点で**下降トレンドから上昇トレンドになる**ので、109.774円に引ける**水平線Ⓑを上に抜けるまで買いは不可**です(次ページ図)。

4時間足の高値e（109.774円）の水準に引ける水平線Ⓑで、レジサポ転換後の反発である**買1がエントリーポイント**になります。

15分足でDの領域の高値を結んで引ける水平線Ⓒで、**レジポ転換後の反発（買×）**も15分足だけを見れば立派な買いポイントですが、4時間足のダウ理論がまだ下降トレンドの領域なので、上昇に確定するまで待ったほうがより勝率が高いトレードが実現できます。

ダウ理論のトレンド転換前にトレードをするリスク

MACDのダイバージェンスを確認し、「そろそろトレンド転換が起きるだろう」と予想して、上位足が『下降トレンド』の最中に『買い』を仕掛けるのは有りでしょうか？

結論から言えば、これはトレンド方向に逆行して仕掛ける**「逆張り」のトレード**となり、手法としては有りです。

ただし、それなりにリスクも高いため、せめてダウ理論で下降トレンドが崩れて『レンジ』の状態になるまで待ったほうがいいと言えます。

成功すれば早い段階でエントリーでき、利益もその分大きくなりますが、リスクも高いので、ハイリスクハイリターンの手法と言えます。

また、MACDのダイバージェンスはトレンド転換が起きる確率が高まっているのであって、『必ず』トレンド転換が起きることを保証するわけではありません。

なので、結局、ダイバージェンスが起きたもののダウ理論でトレンド転換が起きず、**従来のトレンドが継続するというケースもある**ので、**損切りは必ず行う必要があります。**

下位足 米ドル/円 15分足チャート (2019年5月15日～2019年5月17日))

高値e(109.774円)に引ける水平線(B)で、レジサポ転換後の反発である買1がエントリーポイントになります。

MACD ラインのゼロ値とのクロスを狙う

Q 4 時間足で相場環境認識を行い、トレンド判断を行ってください。その結果を踏まえ、15 分足でエントリーポイントを見つけてください。

上位足 米ドル / 円　4 時間足チャート（2018 年 10 月 23 日〜 2018 年 11 月 30 日）

下位足 米ドル / 円　15 分足チャート（2018 年 11 月 14 日〜 2018 年 11 月 16 日）

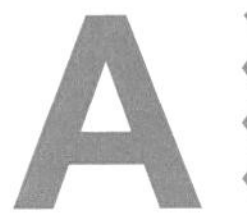

4時間足のトレンド状態は下降トレンドであり、移動平均線のデッドクロスが発生しています。15分足では水平線（レジスタンスライン）上での反落箇所で売りを狙うことができます。

4時間足の解説

トレンドの認識

4時間足でダウ理論によりトレンドの状態を確認すると、まず、安値a→c、高値b→dと上昇トレンドが継続しています。

そして、安値eが安値cを切り下げたので上昇トレンドが崩壊しレンジ相場へ。

更に、高値fをつけた後、安値eを切り下げたので高値・安値が切り下がり（高値d→f、安値e→g)、下降トレンドへ転換しました。

つまり、**下位足の15分足では売りを狙う場面**となります。

オシレーターの確認

今回はMACDラインが切り下がる一方で、高値d→fも切り下がっているので、ダイバージェンスは発生していません。

ただ、EMAを確認すると、上昇から下落への転換を示唆する**「デッドクロス」**が発生しており、**ダウ理論のトレンド転換**を更に裏付ける状況となっています。

上位足 米ドル/円　4時間足チャート（2018年10月23日～2018年11月30日）

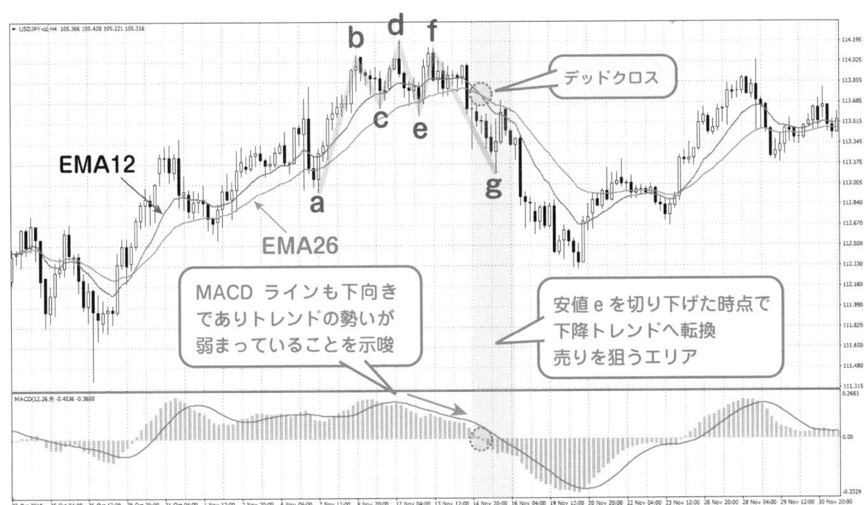

15分足の解説

4時間足で下降トレンドと認識できたので、15分足では売りを狙う場面です。

高値a′とb′を結んで**レジスタンスラインとなる水平線**Ⓐが引けるので、ライン上で反落した**売1の箇所がエントリーポイント**となります。

また、**売1**以外では、MACDラインが上からゼロ値とクロス（＝EMAのデッドクロス）した箇所である**売2もエントリーポイント**となります。

このように、MACD（またはEMA）を表示させることで、ライン分析に加えて売買シグナルが増えるので、収益機会が増えます。

しかし同時に、売買回数が増えて**ダマしに遭うリスクも高まる**ことを意味するので、デメリットも増える点には注意しなければなりません。

下位足 米ドル/円 15分足チャート（2018年11月14日〜2018年11月16日）

移動平均線を使ったエントリー手法

移動平均線には、MACDだけでは対応できない「**移動平均線とローソク足の位置関係**」に着目した手法もあります。

それが、最も有名なテクニカル分析とも言える「**グランビルの法則**」です。

グランビルの法則では、移動平均線と為替レートの位置関係によって、買いポイントと売りポイントを示しています。

【買いのエントリーポイント】

❶ 移動平均線が下向きから「横向きまたは上向き」へ変化した場面でレートが上抜け

❷ 移動平均線が「上向き」の場面でレートが下へ離れて反発

❸ 移動平均線が「上向き」の場面でレートが上から下へ近づき反発

❹ 移動平均線が「下向き」の場面でレートが下に離れて反発

【売りのエントリーポイント】

❺ 移動平均線が上向きから「横向きまたは下向き」へ変化した場面でレートが下抜け

❻ 移動平均線が「下向き」の場面でレートが上へ離れて反落

❼ 移動平均線が「下向き」の場面でレートが下から上へ近づき反落

❽移動平均線が「上向き」の場面でレートが上に離れて反発

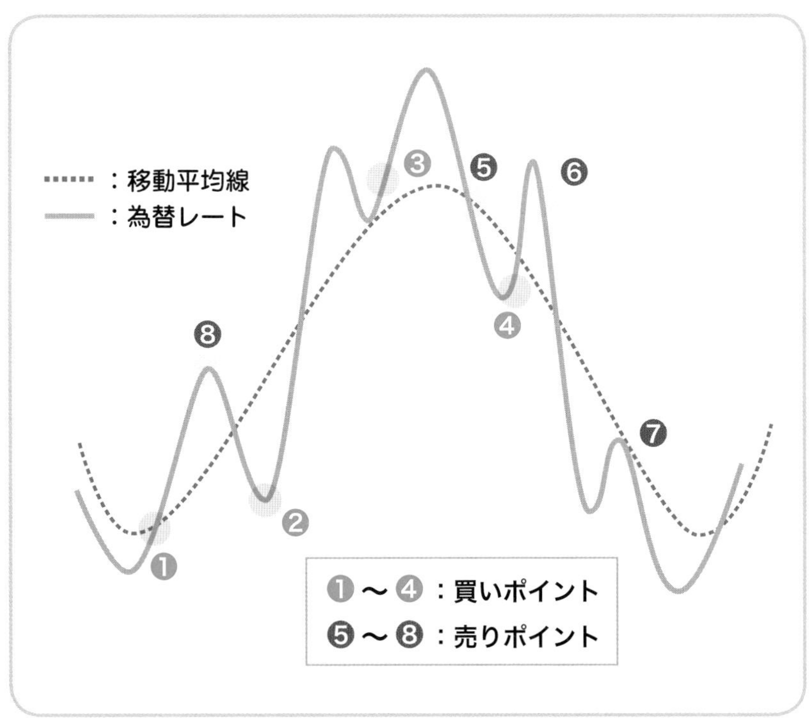

最も利益が期待できるポイントは、下降トレンドから上昇トレンドへ転換する❶と、上昇トレンドから下降トレンドへ転換する❺の箇所です。

その際は、必ず移動平均線の向きを確認しましょう。

❶では移動平均線が下向きから、買いたい人が徐々に増えて横向きまたは上向きへと変化し、ローソク足が下から上へ抜けた時点で**「買い」**です。もし、移動平均線が下向きであったなら、いくらレートが下から上へ抜けようと買いのポイントとはなりません。

❺も同様に、移動平均線の向きが上向きから横向きまたは下向きへ変化し、ローソク足が上から下へ抜けた時点で**「売り」**です。

もし、移動平均線の向きが上向きでローソク足が上から下に抜けても、グランビルの法則の売りポイントとはなりません。

移動平均線とローソク足の位置関係でエントリーポイントがわかるのが「グランビルの法則」です！

Chapter 4
演習問題
3

MACD を使い総合的にトレンド判断を行う

Q 4 時間足で相場環境認識を行い、トレンド判断を行ってください。その結果を踏まえ、15 分足でエントリーポイントを見つけてください。

上位足 米ドル / 円　4 時間足チャート（2018 年 9 月 14 日～ 2018 年 10 月 24 日）

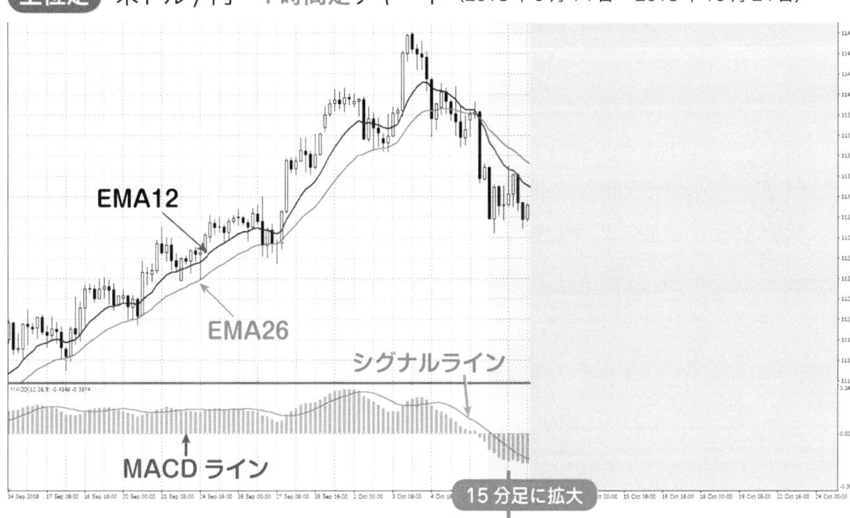

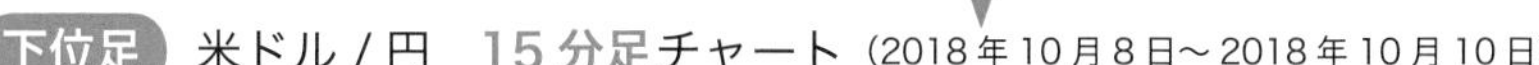

下位足 米ドル / 円　15 分足チャート（2018 年 10 月 8 日～ 2018 年 10 月 10 日）

4時間足のトレンドはレンジですが、①ダイバージェンス、②デッドクロス、③ヘッドアンドショルダーが完成。下降へのトレンド転換を予想し、15分足では、水平線上での反落で売りを狙うことができます。

4時間足の解説

トレンドの認識

4時間足でトレンドを判断すると、まず、ダウ理論で安値a→c、高値b→dと高値・安値の切り上げから**上昇トレンドが発生**しています。

その後、安値cを下抜けた時点で上昇トレンドが崩壊し、**レンジ相場**となります。

なので、ダウ理論によるトレンド判断はレンジであり、**売買は様子見が適切**となります。

上位足 米ドル/円 4時間足チャート（2018年9月14日～2018年10月24日）

ダウ理論以外の要素も考えてトレンド判断をする

今回のチャートでは、次図のように安値eと高値fを定めて、下降トレンドと判断された方もいるかもしれません。

しかし、ダウ理論の高値・安値の決め方を**スイングハイ・ロー**の「**左右に5本のローソク足を確認**」と定めているため、高値fを定めることはできません。

これは、高値 f の左側に低いローソク足が 1 本しかないため、スイングハイの条件に当てはまらないからです。

しかしこのチャートを見て、なんか「下降トレンドっぽいな」と感じた方も多いのではないでしょうか。

その直感は正しいと言えます。

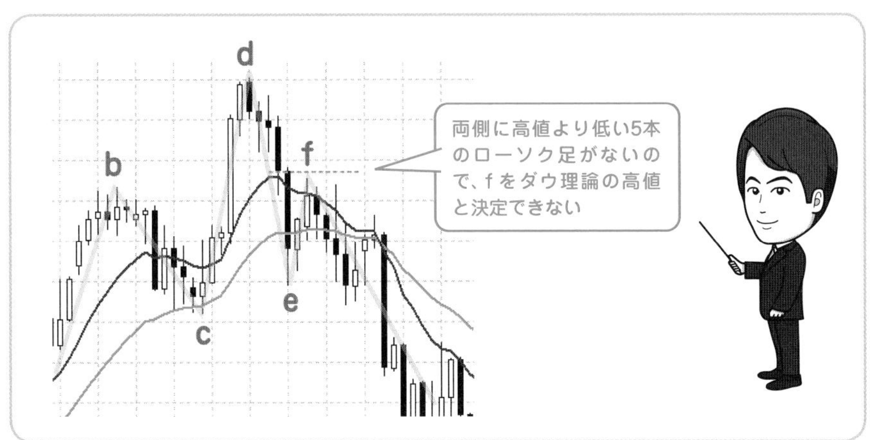

実は、ダウ理論はスイングハイ・ローのルールで一義的にトレンド判断ができますが、その一方で柔軟性に欠けるデメリットがあります。

そこで、ダウ理論に加えてトレンドの強弱を判断するオシレーターを搭載することで、ダウ理論でトレンド転換が確定する前の段階で将来のトレンド転換を予想し、素早いトレードを仕掛けることが可能となるのです。

今回は、トレンド転換の可能性を高めるシグナルとして、以下 3 つのサインが発生しています。

トレンドの認識

1. **ダイバージェンス**
2. **デッドクロス（＝ MACD ラインの下からゼロ値とのクロス）**
3. **ヘッドアンドショルダー**

オシレーターの確認

MACDを見ると、為替レートは高値**b→d**と切り上がっているのに対して、MACDラインは高値**b′→d′**と切り下がっており、**①ダイバージェンスが発生**しています（146ページ図）。

つまり、上昇トレンドの勢いが低下して、**近々、下降トレンドへの転換**が起きる可能性が高いことを察知できます。

更に、MACDラインが上からゼロ値とクロスしており、これはEMA12とEMA26の**②デッドクロス**でもあるので、**強力な売りのサイン**となります。

これだけの条件が揃えば、4時間足だけを使っても十分優位性のある売りトレードが実現できますが、更に下位足へ目線を下げて高勝率のポイントに絞ることで、無駄な損切りなどのリスクを低減させることができます。

ダウ理論の高値・安値はトレンド判断のみに使用するもの

非常に誤解が多いところなのですが、**ダウ理論の高値・安値**は、あくまでダウ理論でトレンド判断をする際に使用する高値・安値であって、必ずこれを他のテクニカル分析にも適用させる必要はありません。

水平線（レジスタンス・サポートライン）を引く際にはダウ理論の高値・安値以外の点を結んで引くことができますし、トレンドラインを引く際もそうです。

なぜなら、投資家全員がスイングハイ・ローの

ローソク足＝5本

のダウ理論を使っているはずもなく、様々な方法で高値・安値を認識しているからです。

例えば、次図のように**ローソク足の高値が3つ並んだ場合**、いずれも「左右に5本の低いローソク足」の条件を満たしていないので、ダウ理論の高値とは認識できません。

しかし、水平線は過去に特定の水準で売買の攻防が起き、売りと買いの勢力が逆転して為替レートが反転した水準をラインで示すものです。

その水準が投資家に意識されるため、将来もまた反転する可能性が高い場所となるのです。

つまり、ダウ理論の高値・安値とは全く異質のものと言え、ダウ理論の条件を満たさなくとも、反転している高値同士を結んで水平線（レジスタンスライン）を引くことができます。

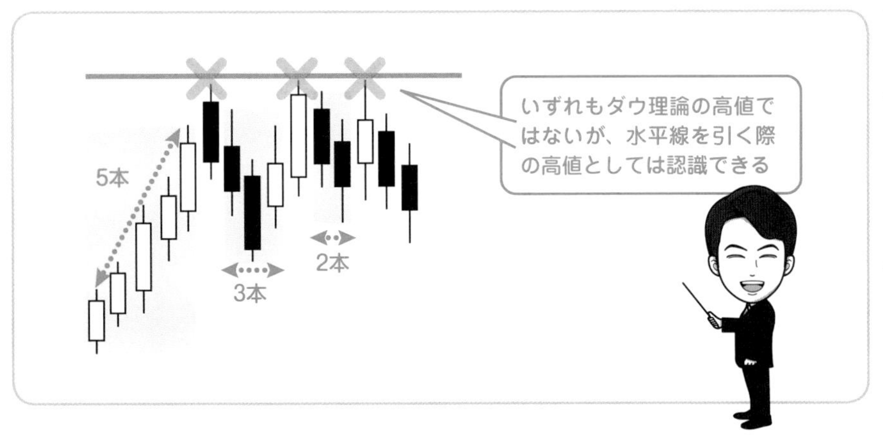

そして、今回のチャートでも、ダウ理論の高値・安値のみでは認識できませんが、より細かく高値と安値を認識することで**反転パターンの代表格である③ヘッドアンドショルダー**が確認できます。

左肩・頭・右肩の高値をつけて、**ネックラインを割り込んだら完成**です。

以上、**①ダイバージェンス、②デッドクロス、③ヘッドアンドショルダー完成**の3つの根拠から、**ダウ理論ではレンジ相場**ですが、**近々ダウ理論のトレンド転換を先読み**し、**売りを狙う**ことができます。

15分足の解説

15分足を分析すると、aのエリアで何回も**ローソク足の高値が抑えられ**ている水準があるので、**レジスタンスとなる水平線Ⓐ**が引けます。

aのエリアも、スイングハイの「左右5本に低いローソク足」の条件を満たしていませんが、何度も反落している水準であり水平線を引くことができます。

そして、**水平線Ⓐで反落したポイントである売1でエントリーする**ことができます。

下位足 米ドル/円 15分足チャート（2018年10月8日～2018年10月10日）

Chapter 4
演習問題 4

ダウ理論のトレンド転換を先読みして仕掛ける

Q

4時間足で相場環境認識を行い、トレンド判断を行ってください。その結果を踏まえ、15分足でエントリーポイントを見つけてください。

上位足 ユーロ/米ドル　4時間足チャート（2020年1月24日～2020年3月4日）

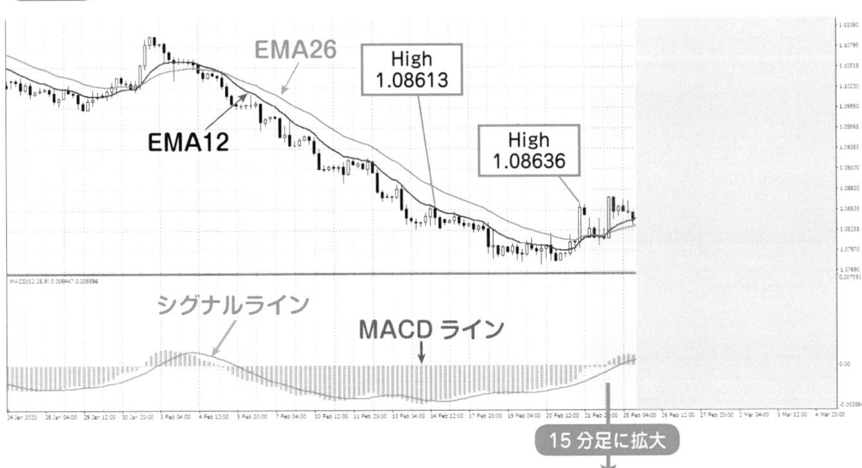

下位足 ユーロ/米ドル　15分足チャート（2020年2月21日～2020年2月25日）

4時間足のトレンド状態はレンジですが、①ダイバージェンス、②ゴールデンクロスが発生。上昇へのトレンド転換を予想し、15分足ではレジサポ転換後の反発で買いを狙うことができます。

4時間足の解説

トレンドの認識

4時間足でトレンド判断すると、高値aから安値fまで**高値・安値が切り下がり下降トレンド**になっています。

その後、安値fの後、高値g（1.08636）で高値e（1.08613）を更新していますので、**下降トレンドが崩壊しレンジ相場に変化**しています。

つまり、ダウ理論ではレンジなので**売買は控える**という判断となります。

上位足 ユーロ／米ドル　**4時間足**チャート（2020年1月24日～2020年3月4日）

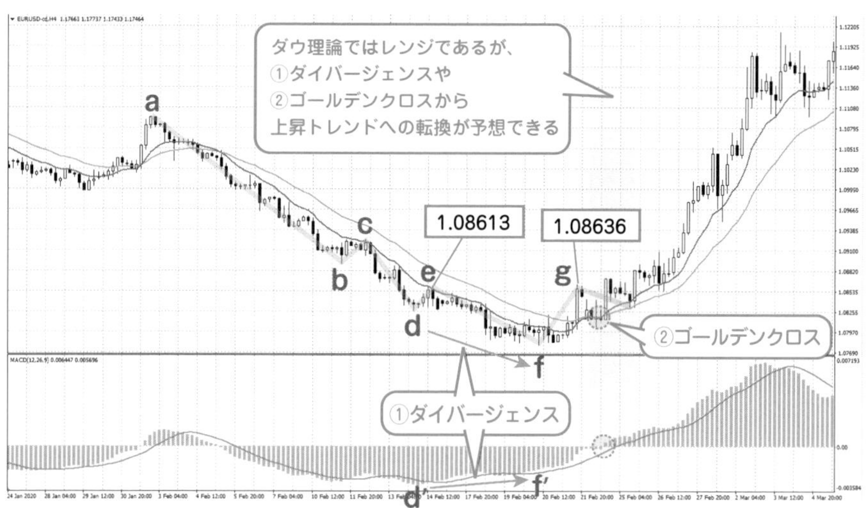

オシレーターの確認

しかし、その一方でMACDやEMAを見ると、**下降トレンドから上昇トレンドへトレンド転換を示唆するシグナル**が出ています。

まず、為替レートは安値d→fと切り下げていますが、MACDラインが安値d'→f'と切り上げており、**①ダイバージェンスの発生**です。

それに加えて、EMA12がEMA26を下から上へ抜ける**②ゴールデンクロス**（＝

MACD ラインが下からゼロ値とクロス）が発生しており、強い買いのシグナルを発生しています。

1. **ダイバージェンス**
2. **ゴールデンクロス（= MACD ラインの下からゼロ値とのクロス）**

つまり、**ダウ理論ではレンジ**ですが、今後、レンジから上昇トレンドへ変化する可能性が高まっており、**ダウ理論が上昇トレンドとなる前の早い段階で買いを仕掛ける選択肢**が生まれます。

15 分足の解説

下位足の 15 分足を分析すると、**水平線Ⓐ**が引けますので、レジサポ転換の反発箇所である**買 1** と**買 2** でエントリーを仕掛けることができます。

下位足 ユーロ / 米ドル　15 分足チャート（2020 年 2 月 21 日～ 2020 年 2 月 25 日）

この問題は、ゴールデンクロスとダイバージェンスが見えれば勝ちです！
下位足で抵抗線から支持線へのレジサポ転換で反発したところを狙いましょう！

Chapter 4

演習問題

5 RSIを使ってトレンド判断を行う

Q

4時間足で相場環境認識を行い、トレンド判断を行ってください。その結果を踏まえ、15分足でエントリーポイントを見つけてください。

上位足 ユーロ/米ドル 4時間足チャート（2018年7月26日～2018年9月4日）

下位足 ユーロ/米ドル 15分足チャート（2018年8月17日～2018年8月21日）

4時間足のトレンドはレンジですが、①ダイバージェンス、②ゴールデンクロスが発生。上昇へのトレンド転換を予想し、15分足ではレジサポ転換後の反発や、グランビルの法則で買いを狙うことができます。

4時間足の解説

トレンドの認識

4時間足でトレンド判断をすると、高値a→c、安値b→dと高値・安値を切り下げているので**下降トレンドの発生**とわかります。

安値dをつけた後、高値cを更新したので**下降トレンドが崩壊してレンジ相場**です。

つまり、ダウ理論のトレンド判断では「様子見」する場面となります。

オシレーターの確認

一方で、オシレーターの**RSIを確認**すると、為替レートは安値b→dと切り下がり、RSIの安値はb′→d′と切り上がっておりダイバージェンスの発生です。

また、EMA12がEMA26を下から上へ**ゴールデンクロスが発生**しており、**トレンド転換の可能性**が高まっていると察知できます。

なので、ダウ理論でレンジから上昇トレンドへ切り替わる前に、買いを仕掛けることが可能となります。

上位足 ユーロ/米ドル　4時間足チャート（2018年7月26日～2018年9月4日）

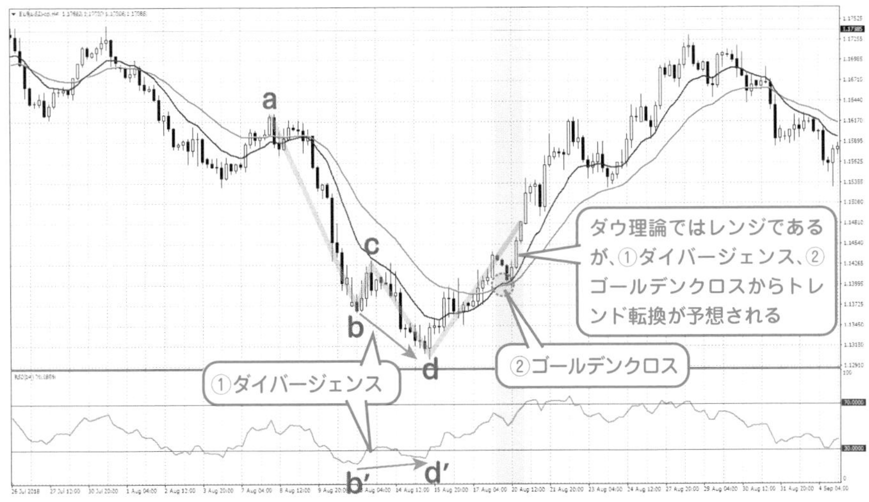

15分足の解説

15分足を分析すると、**水平線Ⓐ**が引けますので、反発箇所である**買1でエントリー**することができます。

また、それ以外は143ページで解説した移動平均線のグランビルの法則の『③移動平均線が「上向き」の場面でレートが上から下へ近づき反発』の箇所**（買2）でエントリー**することができます。

下位足 ユーロ/米ドル　15分足チャート（2018年8月17日〜2018年8月21日）

Chapter5

FXの資金管理

Chapter5では手法と同じくらい大切な「資金管理」について解説します。優位性のある手法に加え、資金管理を徹底することで、はじめてFXで安定して稼ぐことができます。

Chapter 5
基礎知識
0

資金管理がFXトレードの土台

売買タイミングだけ探し求めてもFXでは勝てない

FXで利益を追い求める大半の方は、売買タイミングばかりを知りたがります。

つまり、いつエントリーすれば勝てるのか？です。

確かにFXでは、無数にある売買ポイントの中から、優位性（エッジ）のある勝率が高いポイントをいかに見つけられるかで勝率は大きく左右されます。

ただし、それだけでFXで勝てるようになるかと言えば不十分です。

FXで安定して稼ぎ続けるには、

「どれくらいの金額で、どこでエントリーし、どこで決済するのか」

の一連の流れを、**根拠を持って決めていく**必要があります。

そして、これらが売買ルールを構成する要素となります。

売買ルールの構成要素

❶ 取引金額（ロット数）
❷ エントリーポイント（新規注文）
❸ 決済ポイント（利益確定または損切り注文）

これら3つの要素はいずれも表裏一体であり、1つでも欠けてしまえば売買ルールとして成立しません。

例えば、何かの教材で、どんなポイントでエントリーすればいいのか習ったとしましょう。

エントリーポイントさえわかれば、FXで勝てるような錯覚を受けます。

しかし、エントリーポイントに加えて、証拠金に対して**何ロットでエントリー**すればいいのか、**損切りの水準**と**利益確定の水準**をどこに置けばいいのか、が決まっていなければ、資金管理がまったくできていない状態となり規律のあるトレードが実現しません。

また、この章でも解説する通り、**資金管理が甘いために勝率が高くても利益が残らない**というジレンマに陥るリスクも高まります。

資金管理はFX取引の土台となる重要な要素

FXに限らずどの世界でも言えることですが、結果を出したい欲に駆られて**基本をおろそかにする人は最終的に失敗します。**

例えば、わかりやすい例で自動車の運転を取り上げましょう。

自動車の運転は、最悪、エンジンの入れ方とペダルやハンドルの操作方法さえわかれば中学生でもすぐにできてしまいます。

もし、早く目的地に着きたいがために、「運転の方法だけ教えてくれ！　標識や交通ルールは後でいい！」と言う人がいたらどうなるでしょうか？　この時はたまたま運よく目的地には到着するかもしれません。

しかし、標識の見方も交通ルールも何も知らない初心者が自動車の運転を続ければ、いつか大事故を起こすでしょう。

そして、これはFXもまったく同様です。

初心者の中には、とにかく「FXのエントリーポイントだけ教えてくれ！」と言う方がいます。

まるで、売買ポイントさえわかれば勝てるかのごとく、「資金管理なんて面倒だし、そんなのなくても利益は上げられるでしょ？」という浅はかな考えです。

実際に、FXも自動車の運転と同じで、取引ツールの操作方法や売買のやり方さえ知っていれば、取引はすぐにできてしまいます。

ただし、資金管理のルールを知らずして行うFXはただの運任せのギャンブルと同じで、いつか大負けという取り返しのつかない事故を起こすリスクを抱えている状態です。

資金管理はFXの土台となる部分であり、土台がしっかりしていなければその上に利益を上げる手法を確立しようがありません。

チャート分析によるエントリーポイントを探す方法ももちろん大事ですが、それと同時に**資金管理も同じくらい注力していく必要があります。**

売買ルールは
・取引する量（ロット）
・売買のポイント
・決済のポイント
を決めておく必要があります。
どれも大事な要素です！

FX で稼ぐには 5 大項目のスキルを高めることが重要

そもそも **FX で稼ぐトレーダーになるには、どんなスキルが必要でしょうか？**

必要なスキルを大きく分けると、以下の 5 つの項目に分類できます。

勝てるトレーダーになるための 5 大項目

❶ **FX の基本知識**
❷ **資金管理**
❸ **チャート分析（テクニカル分析）**
❹ **ファンダメンタルズ分析**
❺ **メンタル管理**

FX の基本知識は言うまでもなく必須項目です。

投資をするのであれば、その投資対象がどんな仕組みか、どんなリスクがあるのか、などの基本的な部分は 100％の理解を目指すべきです。

詳しく仕組みはわからないけどなんかお金が増えそうだから投資してみた、なんて状態では相場の世界に足を踏み入れるのは早すぎると言えます。

なお、本書では FX の基本的な仕組みやチャートの見方などは詳しく解説しません。知識が不安な方は、

前著 **「世界一やさしい FX チャートの教科書 1 年生」**（ソーテック社刊）

や他の FX 入門書を参考にしてみてください。

次は**資金管理**です。

資金管理は基礎知識と並んで、投資の土台を成す非常に重要な部分です。それにも関わらず、資金管理を知らないまま取引をしている人が多いです。そして、負けている投資家はほぼ例外なくこの資金管理を疎かにしている傾向があります。

Chapter 5 では、資金管理をする上で必須と言える知識を、演習問題を通して身に付けていただきます。

勝てるトレーダーになるための5大項目

1. FXの基本知識
2. 資金管理
3. チャート分析
4. ファンダメンタルズ分析
5. メンタル管理

本書では、FXで成功するための、チャート分析と資金管理に焦点を絞って構成しています。

演習問題を解く前の前提知識　～ pips について～

ここでは資金管理の演習問題を解く上で、前提となる知識を整理します。

FX 経験者の方は問題ないかと思いますが、初心者や知識に不安がある方は、このページで解説する「pips（ピップス）」について理解しましょう。

pips とは為替レートの基本単位のことです。

円を含む通貨ペアの場合

米ドル / 円やユーロ / 円などの円を含む通貨ペアは

1pips=1 銭＝ 0.01 円

です。

つまり、米ドル円が 110.500 円から 110.600 円に上昇した場合、「0.10 円＝ 10 銭＝ 10pips」分だけ上昇したことになります。

円を含まない通貨ペアの場合

一方で、円を含まないユーロ / 米ドルや英ポンド / 米ドルなどの通貨ペアの場合は、

1pips ＝ 0.0001 米ドル

となります。

つまり、ユーロ / 米ドルが 1 ユーロ＝ 1.12400 米ドルから 1.12000 米ドルまで下落した場合、「0.004 米ドル＝ 40pips」分だけ下落したことになります。

通貨ペアの中には、円や米ドルを含まない、ユーロ / 英ポンドや、ユーロ / 豪ドルなどもありますが、**円を含まない通貨ペアはすべて小数点第 4 位が 1pips** を指します。

	円を含む通貨ペア	円を含まない通貨ペア
例	ドル円の場合	ユーロドルの場合
1pips ＝	0.01 円（1 銭）	0.0001 米ドル

演習問題を解く前の前提知識　～その他の用語集～

専門用語については、各演習問題の中でも詳しく解説していますが、ここで一覧表にまとめておきます。

用語	意味
ロット	FX の取引単位を意味し、1 ロット、2 ロット、3 ロット…と、FX ではロットごとに取引する。1 ロット＝1,000 通貨、1 ロット＝1 万通貨、1 ロット＝10 万通貨の FX 会社がある。
通貨数量（取引数量）	ロット数 × 取引単位（＝1 ロットの単位）から計算される取引する通貨の量
レバレッジ	証拠金の最大 25 倍までの取引ができる制度
実効レバレッジ	現在の対円レートで円換算した取引金額と、評価損益を加味した有効証拠金から計算されるレバレッジ
有効証拠金	預け入れた初期の証拠金に未実現の評価損益（含み益または含み 損）を加味した金額
証拠金維持率	追証やロスカットまでの水準を図る指標で、以下の計算式が成り立つ 証拠金維持率（%）＝ 2,500 ÷ 実効レバレッジ
リスクリワード	1 回の取引における「損失：利益」の比率
リスク許容度	投資資金に対する 1 回の取引で許容できる最大損失の割合

Chapter 5
演習問題
1

FX取引の損益計算をしよう（円を含む通貨ペアの場合）

Q

米ドル/円を110.000円で1ロット＝1,000通貨買い、110.500円で決済した時、損益はいくらになりますか？

A

利益は以下の計算式から、500円となります。

取引損益 ＝ 売買値幅 × 通貨数量
＝（110.500円 － 110.000円）× 1,000通貨
＝＋500円

「売買値幅」「通貨数量」の意味を理解しよう

FXの損益計算は、円を含む通貨ペアと、円を含まない通貨ペアとで計算方法が異なります。

円を含む米ドル円やユーロ円などの場合、取引損益は以下の計算式から求まります。

取引損益 ＝ 売買値幅 × 通貨数量
（売買値幅 ＝ 売値 － 買値）
（通貨数量 ＝ ロット数 × 取引単位）

FXは買いだけでなく、売りからも売買ができますが、どちらの場合も売買値幅は「**売値 － 買値**」となります。

また、通貨数量とは取引の大きさのことで、FXでは1ロット、2ロット、3ロットとロットごとに取引するので「**ロット数 × 取引単位**」から求まります。

取引単位はFX会社によって異なり、以下の3パターンがあります。

- **1ロット ＝1千通貨（少額取引可能）**
- **1ロット ＝1万通貨（資金豊富な方向け）**
- **1ロット ＝10万通貨（海外FX会社に多い）**

なお、本書では近年主流となっている**「1ロット＝1千通貨」で解説**します。
それでは、いくつか具体例をみていきましょう。

例題1

- 取引通貨：**ユーロ / 円**
- 通貨数量：**3ロット＝3,000通貨**
- 新規注文（売り）：**120.350円**
- 決済注文（買い）：**120.750円**

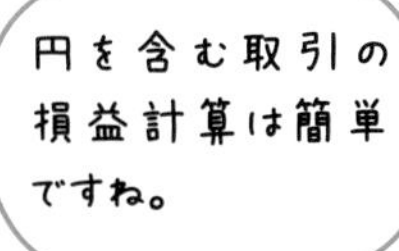

決済 120.750円
↑
売り 120.350円

40PIPS
(40銭)

×3,000通貨
＝−1,200円

取引損益 **＝（120.350円 − 120.750円）× 3,000通貨＝** −1,200円

例題2

- 取引通貨：**豪ドル / 円**
- 通貨数量：**50ロット＝50,000通貨**
- 新規注文（買い）：**73.150円**
- 決済注文（売り）：**74.150円**

取引損益 **＝（74.150円 − 73.150円）× 50,000通貨＝** ＋50,000円

「通貨」は通貨ペアの左側の通貨を示す

なお、通貨数量や1ロット＝1,000通貨の「通貨」とは、**通貨ペアの左側の通貨**を示します。

米ドル円を1ロット＝1,000通貨取引するとは、1,000**米ドル**取引する
ユーロ円を3ロット＝3,000通貨取引するとは、3,000**ユーロ**取引する
ことを意味します。

後に解説するレバレッジを理解する上でも大切な知識なので、しっかりと覚えましょう。

Chapter 5
演習問題

2 FX取引の損益計算をしよう（円を含まない通貨ペアの場合）

Q ユーロ / 米ドルを 1.12800 で 1 ロット＝ 1,000 通貨売り、1.12500 で決済した時、損益はいくらですか？
円への換算レートを 1 米ドル＝ 110 円とします。

A 利益は以下の計算式から、500 円となります。
取引損益 ＝ 売買値幅 × 通貨数量 × 円換算レート
＝（1.12800 米ドル － 1.12500 米ドル）× 1,000 通貨 × 110 円
＝＋ 330 円

円を含まない通貨ペアの場合は円換算レートを掛ける

円を含まない通貨ペアの場合、「売買値幅 × 通貨数量」で**求まる金額は円ではなく、通貨ペアの右側に表記される通貨の金額**となります。

よって、円に換算した損益を求めるには、**通貨ペアの右側に表記される通貨の対円レート（円換算レート）を掛け算する**必要があります。

例えば、ユーロ / 米ドルの場合、右側の通貨は米ドルなので、米ドルの対円通貨である米ドル / 円のレートを掛ける必要があります。

同様に、ユーロ / 英ポンドの場合、右側の通貨は英ポンドなので、英ポンドの対円通貨である英ポンド / 円のレートを掛ける必要があります。

整理すると、円を含まない通貨ペアの損益計算式は以下の通りです。

> 取引損益 ＝ 売買値幅 × 通貨数量 × 円換算レート
> ※ 円換算レート：通貨ペアの右側通貨の対円レート

それでは、いくつか具体例をみていきましょう。

例題 3

- 取引通貨：英ポンド / 米ドル
- 通貨数量：5 ロット ＝ 5,000 通貨
- 新規注文（売り）：1.12400 米ドル
- 決済注文（買い）：1.12800 米ドル
- 円換算レート：1 米ドル ＝ 110 円

決済 1.12800 米ドル
↑
売り 1.12400 米ドル

40PIPS
(0.004 米ドル)

×5,000 通貨
＝ 20 米ドル ×110 円
＝ −2,200 円

取引損益 ＝（1.12400 米ドル −1.12800 米ドル）× 5,000 通貨 × 110 円
＝ −2,200 円

例題 4

- 取引通貨：ユーロ / 英ポンド
- 通貨数量：10 ロット ＝ 10,000 通貨
- 新規注文（買い）：0.89000 英ポンド
- 決済注文（売り）：0.89500 英ポンド
- 円換算レート：1 英ポンド ＝ 130 円

取引損益 ＝（0.89500 英ポンド− 0.89000 英ポンド）× 10,000 通貨 × 130 円
＝ ＋ 6,500 円

損益の計算方法を知らずしてFX はできないと言っても過言ではないくらい重要なところです。

慣れていない方も目を背けず、この後で解説する資金管理の土台となる部分なので、必ず理解するようにしましょう。

円を含まない通貨ペアの場合は右側に表記される通貨の対円レート（円換算レート）を掛けて計算します。

Chapter 5
演習問題

3 レバレッジの計算をしてみよう

Q

FX会社に証拠金を10万円預けています。今、米ドル円を110円で5ロット＝5,000通貨取引した時、レバレッジは何倍になりますか？

A

レバレッジは以下の計算式から、5.5となります。

レバレッジ ＝ 円換算の取引金額 ÷ 証拠金
＝ 通貨数量 × 対円レート÷ 証拠金
＝ 5,000通貨 × 110円 ÷ 10万円
＝ 5.5倍

レバレッジは通貨数量でコントロールする

レバレッジについては実に多くの方が誤解しているのですが、FXのリスク管理の面で根幹を成す部分であり正確な理解が必要です。

レバレッジとは、**FX会社に預けた証拠金の最大25倍まで取引ができる仕組み**のことです。これはFX学習者の皆が耳にすることでしょう。

ただ、レバレッジを2倍、3倍、4倍と**レバレッジ自体を設定したり変更したりすることはできません。**

レバレッジはロットと対円レート、証拠金から計算されるものであり、投資家はロット、つまり**通貨数量を調整することでレバレッジをコントロールする**のです。

レバレッジの計算式は、円を含む通貨ペアも含まない通貨ペアも共通で、以下の通りです。

レバレッジ ＝ 円換算の取引金額 ÷ 証拠金

なお、円換算の取引金額は、通貨ペアの「左側通貨」の対円レートと通貨数量を掛け算することで求まります。

それでは、いくつか具体例を見ていきましょう。

例題 5

- 取引通貨：ユーロ / 円
- 通貨数量：3 ロット ＝ 3,000 通貨
- 証拠金：10 万円
- ユーロ / 円のレート：120 円

円換算の取引金額 ＝ 3,000 通貨 × 120 円 ＝ 36 万円

よって、

レバレッジ ＝ 円換算の取引金額 ÷ 証拠金
＝ 36 万円 ÷ 10 万円
＝ 3.6

例題 6

- 取引通貨：英ポンド / 米ドル
- 通貨数量：50 ロット ＝ 50,000 通貨
- 証拠金：30 万円
- 英ポンド / 円のレート：140 円

円換算の取引金額 ＝ 50,000 通貨 × 140 円 ＝ 700 万円

よって、

レバレッジ ＝ 円換算の取引金額 ÷ 証拠金
＝ 700 万円 ÷ 30 万円
＝ 23.3

レバレッジはロットと対円レート、証拠金から計算されます。
ここで、皆さんはロット数量を調整するとレバレッジが変わります。

Chapter 5
演習問題
4

ロットでレバレッジを調整してみよう

Q FX 会社に 30 万円の証拠金を預けています。今､米ドル / 円をレバレッジ 10 倍で取引するには何ロット取引（1 ロット＝ 1,000 通貨）すればいいですか？　米ドル / 円のレートを 100 円とします。

A ロットは以下の計算から、30 ロットとなります。

レバレッジ ＝ 円換算の取引金額 ÷ 証拠金
＝ 通貨数量 × 対円レート ÷ 証拠金

上記より、
通貨数量 ＝ 証拠金 × レバレッジ ÷ 対円レート
＝ 30 万円 × 10 倍 ÷ 100 円
＝ 30,000 通貨

1 ロット ＝ 1,000 通貨なので、
ロット ＝ 30,000 通貨 ÷ 1,000 通貨 ＝ 30 ロット

なお、通貨数量がぴったり割り切れない場合は、小数点以下を四捨五入や切り捨てるなどして調整する必要があります。

レバレッジの感覚なくして、FX でリスク管理はできない

FX で取引をする際には、最初に**自分がどれくらいのレバレッジを許容するのか**を決めておき、**その範囲内に収まるようにロットを調整することが必要です。**

その際に、自分の証拠金に対して「この通貨ペアで何ロット取引したら、レバレッジは何倍になる」という計算ができなければ取引しようがありません。

現在は、FX 会社の方で簡単にレバレッジを計算してくれるシミュレーションツールなども豊富にありますが、不要な失敗を避ける上でも、レバレッジの感覚は身に付

けるようにしましょう。

それでは、狙ったレバレッジにするロットの計算例をみていきましょう。

例題 7

- 取引通貨：ユーロ / 円
- レバレッジ：10 倍
- 証拠金：20 万円
- ユーロ / 円のレート：120 円

通貨数量 ＝ 証拠金 × レバレッジ ÷ 対円レート
＝ 20 万円 × 10 倍 ÷ 120 円
＝ 16,667 通貨（16,666.6 の小数点第 1 位を四捨五入）

1 ロット＝ 1,000 通貨なので、
ロット ＝ 16,667 通貨 ÷ 1,000 通貨
＝ 17 ロット（16.6 の小数点第 1 位を四捨五入）

例題 8

- 取引通貨：英ポンド / 米ドル
- レバレッジ：5 倍
- 証拠金：30 万円
- 英ポンド / 円のレート：140 円

通貨数量 ＝ 証拠金 × レバレッジ ÷ 対円レート
＝ 30 万円 × 5 ÷ 140 円
＝ 10,714 通貨（10,714.2 の小数点第 1 位を四捨五入）

1 ロット ＝ 1,000 通貨なので、
ロット ＝ 10,714 通貨 ÷ 1,000 通貨
＝ 11 ロット（10.7 の小数点第 1 位を四捨五入）

Chapter 5

演習問題

5 実効レバレッジを理解しよう

Q 証拠金は50万円で、米ドル/円を100円で10ロット＝1万通貨買いました。その後、米ドル/円が105円まで上昇した時、当初のレバレッジと、現在の実効レバレッジを計算してください。

A 以下の計算式から、当初のレバレッジは2倍、実効レバレッジは1.9倍となります。

当初のレバレッジは取引時点の対円レートと証拠金から計算します。

レバレッジ　＝ 円換算の取引金額 ÷ 証拠金
＝1万通貨 × 100円 ÷ 50万円
＝2倍

次に実効レバレッジは、現在の対円レートで円換算した取引金額と、評価損益を加味した証拠金である有効証拠金を使って計算します。

評価損益＝ 値幅 × 通貨数量
＝(105円 − 100円) × 1万通貨 ＝＋5万円

有効証拠金 ＝ 初期の証拠金 ± 評価損益（含み益または含み損）
＝50万円＋5万円
＝55万円

よって、
実効レバレッジ＝円換算の取引金額 ÷ 有効証拠金
＝1万通貨 × 105円 ÷ 55万円
＝1.9

実効レバレッジは「有効証拠金」から計算する

レバレッジには**エントリーした時点のレバレッジ**と、現在の為替レートを元に計算される**実効レバレッジ**の２種類があります。

そして、FXではどちらも大切です。

エントリー時点では何ロット取引すればレバレッジはどれくらいになるのかを把握する必要がありますし、エントリーした後は為替レートの変動に対して実効レバレッジがどの程度かを監視していきます。

まずは、実効レバレッジを計算する際に必要な「**有効証拠金**」について整理しましょう。

有効証拠金とは、**預け入れた初期の証拠金に未実現の評価損益（含み益または含み損）を加味した金額**を指します。

例えば、最初に証拠金が50万円で取引を行い、含み益が５万円になると有効証拠金は55万円（50万円＋５万円）となります。

一方、含み損が－５万円の場合、有効証拠金は45万円（50万円 － ５万円）です。

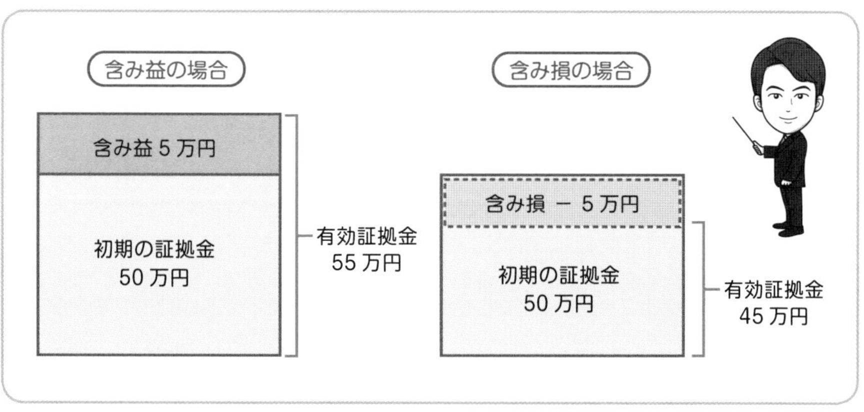

なお、**有効証拠金**は後に説明する**強制ロスカット判定**などにも使用される指標なので、言葉の意味をまずは押さえておきましょう。

為替レートの変動で実効レバレッジは変動する

実効レバレッジは現在の対円レートで円換算した取引金額（建玉の評価額）と、前述した有効証拠金を使って算出します。

実効レバレッジ ＝ 現在レートで円換算した取引金額 ÷ 有効証拠金

ではここで、為替レートの変動で実効レバレッジがどのように変化するのか、演習問題５の条件を使って見ていきましょう。

例題９

- 取引通貨：**米ドル／円**
- 通貨数量：**10ロット＝１万通貨**
- 証拠金：**50万円**
- 新規注文（買い）：**100円**

エントリー時点のレバレッジ ＝ 円換算の取引金額 ÷ 証拠金
＝１万通貨 × 100円 ÷ 50万円
＝２倍

ここで、米ドル円が105円に上昇（ケース１）と95円に下落（ケース２）の２つの場合に、実効レバレッジがそれぞれどうなるかを計算しましょう。

➡ケース１：米ドル／円が105円に上昇した時

演習問題５の通り、含み益は５万円なので有効証拠金は55万円です。
よって、実効レバレッジは以下の計算式から1.9倍です。

実効レバレッジ ＝ 円換算の取引金額 ÷ 有効証拠金
＝１万通貨 × 105円 ÷ 55万円
＝1.9倍

➡ケース2：米ドル/円が95円に下落した時

次に米ドル円が下落し含み損を抱えた場合、実効レバレッジはどうなるでしょうか？

評価損益 ＝ 値幅 × 通貨数量
＝（95円 － 100円）× 1万通貨
＝ －5万円

有効証拠金 ＝ 預けた証拠金 ± 評価損益（含み益または含み損）
＝ 50万円 － 5万円
＝ 45万円

よって、

実効レバレッジ ＝ 円換算の取引金額 ÷ 有効証拠金
＝ 1万通貨 × 95円 ÷ 45万円
＝ 2.1

以上を整理すると、為替レートと実効レバレッジの関係は、為替レートが**含み益の方へ動けば実効レバレッジは低下**し、為替レートが**含み損の方へ動けば実効レバレジは上昇**するということです。

実効レバレッジ	有効証拠金	評価損益
減少⬇⬇	増加⬆⬆	含み益⬆⬆
増加⬆⬆	減少⬇⬇	含み損⬇⬇

なお、次項で解説する通り、**実効レバレッジが25倍を超えると追加証拠金の入金**が必要となります。この事実を知っていれば最初からレバレッジ25倍ぎりぎりでエントリーするのがいかに危険かわかるでしょう。

実効レバレッジと証拠金維持率の関係について

FXには**含み損が一定の水準になると追加の証拠金入金を要求する「追加証拠金制度」**があり、期日までに入金がなされないと建玉が強制決済になります。

また、期日にならずとも期日前に含み損が更に拡大すると、有無を言わさず**建玉が決済される「ロスカット」の仕組み**もあります。

一般的に**実効レバレッジが25倍を超えると追加証拠金が発生、実効レバレッジが50倍になると強制ロスカット**です※。

ここで、FX初心者を非常に混乱させる要因なのですが、追加証拠金制度とロスカットは**「証拠金維持率（%)」という指標で管理**されることがほとんどです。

ただ、証拠金維持率（%）と実効レバレッジは本質的には似たような意味であり、以下の関係が成り立ちます。

実効レバレッジ25倍は証拠金維持率100%、実効レバレッジ50倍は証拠金維持率50%です。

証拠金維持率（%）＝2,500 ÷ 実効レバレッジ

証拠金維持率	実効レバレッジ
2,500%	1倍
1,250%	2倍
500%	5倍
250%	10倍
100%	25倍 ← 追加証拠金が発生
50%	50倍 ← 強制ロスカットが発生

※FX会社によって追加証拠金制度やロスカットの実効レバレッジ水準は異なるので、必ずご利用のFX会社でご確認ください。

トレードでは実効レバレッジを一定の範囲内に抑えるべき

実効レバレッジはどれくらいの水準に抑えればいいのか？

これは多くの方が疑問に持つところだと思います。

結論から言うと、実効レバレッジは投資家がどれくらい損失を許容できるか、どのようなトレードスタイルか、などで最適値が変わってくるので「一概に○○倍が良い」ということは言えません。

また、実際のトレードでは実効レバレッジを見て損切りを決めたり、利益確定を決めたりすることはありません。似た意味である**証拠金維持率**も同様です。

実効レバレッジではなく、資金管理を考慮した損益計算とチャート分析から為替レートがAの地点まで達したら損切り、Bの地点まで達したら利益確定と、**為替レート水準を指標に売買**していきます。

では、実効レバレッジはまったく意味がないかというと、そうではありません。

そもそもレバレッジとは、**資金の元手である証拠金に対する取引の規模**です。そして、この規模が常にどれくらいの水準なのか、自分の力量や投資目的に見合った規模なのかを把握することは意義があります。

逆に、レバレッジをまったく把握せず、あるトレードはレバレッジ10倍、またあるトレードはレバレッジ20倍と、バラバラで取引していたら規律も何もなく資金管理ができていないに等しいです。

参考までに、スキャルピングやデイトレードなどの短期売買と、スワップポイント狙いで保有する長期売買に応じた実効レバレッジの目安は以下の通りです。

短期売買では初心者は5倍程度、中上級者も10倍程度に抑えるのが良いでしょう。

	実効レバレッジ	証拠金維持率
短期トレード	10倍以内	250%以上
長期トレード	3倍以内	833%以上

Chapter 5
演習問題
6

強制ロスカットになる水準を計算しよう

Q

証拠金は50万円で、米ドル/円を100円で10ロット＝1万通貨買いました。この時、強制ロスカットになる為替レートを計算してください。
なお、強制ロスカットは実効レバレッジ50倍（＝証拠金維持率50%）で発動するものとします。

以下の計算から、ロスカット発動レートは51.020円となります。

実効レバレッジの計算式は、

実効レバレッジ＝円換算の取引金額 ÷ 有効証拠金
＝円換算の取引金額 ÷（預けた証拠金 ± 評価損益）

ここで、強制ロスカットが発動するレートをA円と置くと、

50倍＝1万通貨×A円÷（50万円＋（A円－100円）×1万通貨）

となり、この計算式を展開していくと

$$10{,}000 \times A = 50 \times (500{,}000 + (A - 100) \times 10{,}000)$$
$$10{,}000A = 25{,}000{,}000 + 500{,}000A - 50{,}000{,}000$$
$$490{,}000A = 25{,}000{,}000$$
$$A = 51.020$$

FXで負けている人の共通パターンとは？

FXの世界では、利益が出ている投資家は2割しかおらず、残りの8割の投資家は負けていると言われています。

では、稼いでいる投資家と負けている投資家の違いは何でしょうか？

負けている投資家にはいずれも共通点があり、以下の7つの項目のどれかに当てはまります。

1. 損切りをしない、またはできない
2. ハイレバレッジでトレードする
3. チャートを見た瞬間に取引する
4. ナンピンをする
5. トレードに明確な根拠がない
6. 自分だけは特別だと思っている
7. 感情に振り回される

特に、本章とも関係が深い、1の「損切りをしない、またはできない」と2の「ハイレバレッジでトレードする」は、最も大きな要因であり、勝ちトレーダーと負けトレーダーを分ける要素となります。

ネットなどで「FXで○○千万円の大負けをした！」といったニュースを時々目にしますが、その原因のほとんどがハイレバレッジで取引し、損切りをしなかったがために起きています。

「いつか元の水準に戻るだろう」という希望にすがり、早い段階で損切りができず、その後もどんどん含み損が膨らんで身動きが取れなくなり、結局、最終的には強制ロスカットで大損が確定するパターンです。

稼いでいる上級者であれば、常に最悪の事態を想定し、素早く損切りを実施します。

上記の7つの項目を理解し、回避する行動を取ることで、負けのリスクを減らすことができます。

FXで勝てるのは2割といわれています。8割のトレーダーはこうした理由で負けてしまうのです！

演習問題 7 リスクリワードは必ず リスク＜リワードに設定しよう

Q

米ドル/円を110.500円で買いエントリーし、利益確定を110.700円、損切りを110.400円に定めた時、リスクリワードを計算してください。

A

リスクリワードは以下の計算式から、1：2となります。

利益幅 ＝ 110.700 － 110.500 ＝ 0.2円
損失幅 ＝ 110.500 － 110.400 ＝ 0.1円

リスクリワードは、
「リスク（損失幅）：リワード（利益幅）＝0.1円：0.2円＝1：2」
となります。

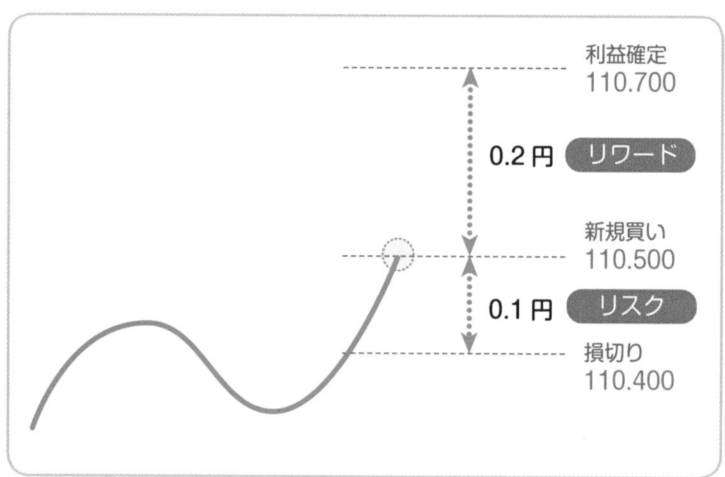

また、円を含まない通貨ペアの場合も同じ形式で計算できます。

例題 10

- 通貨ペア：ユーロ / 米ドル
- 買いエントリー：1.12000
- 利益確定：1.12600
- 損切り：1.19800

リスク：リワード ＝ 20pips：60pips ＝ 1 ： 3

FX で稼ぐには勝率とリスクリワードを高めることが必要

巷では「勝率 80%！」など、勝率を強調した手法の情報が出回っています。

高勝率の手法であれば、まるで取引をすればするほど利益が貯まるように感じ、初心者は心躍る気持ちになるでしょう。

しかし、残念ながらリスクリワードを適切な設定にしていない手法にはまったく意味がなく、勝率 80%、90%の手法であったとしても最終的に資産は減ります。

それはなぜか？　理由を説明しましょう。

まず、FX の勝率は勝ちトレード数を総トレード数で割って%で示したものです。

勝率（%）＝ 勝ちトレード数 ÷ 総トレード数 × 100

例えば、100 回トレードして 50 回勝てば勝率は「50%」、80 回勝てば勝率は「80%」です。

次に、リスクリワードとは先ほど説明した通り、1 回の取引における「損失：利益」の比率です。

ここで、米ドル / 円を 1 万通貨、リスクリワードと勝率が以下の条件で取引を 100 回行った時、損益はどうなるか計算してみましょう。

例題 11

- 取引回数：100 回
- 勝率：80%
- リスク（損失幅）：100 銭（＝ 1 円）
- リワード（利益幅）：20 銭（＝ 0.2 円）
- 通貨数量：1 万通貨

取引損益
= 勝ち取引数 × 通貨数量 × 利益幅 − 負け取引数 × 通貨数量 × 損失幅
= 100 × 80% × 1 万通貨 × 0.2 円 − 100 × 20% × 1 万通貨 × 1 円
= − 4 万円

勝率が 80%と高勝率にも関わらず、結果は− 4 万円の損失です。

原因は言うまでもないですが、1 回の取引における利益幅より損失幅の方が極端に大きく、**コツコツ**利益を稼ぎ、**ドカン**と 1 回の損失で利益が吹き飛んでいます。

一方、今度は勝率 40%、リスク＜リワードとなる以下の条件で取引を 100 回行った時、損益はどうなるか計算してみましょう。

例題 12

- 取引回数：**100 回**
- 勝率：**40%**
- リスク（損失幅）：**50 銭（= 0.5 円）**
- リワード（利益幅）：**100 銭（= 1 円）**
- 通貨数量：**1 万通貨**

取引損益
= 勝ち取引数 × 通貨数量 × 利益幅 − 負け取引数 × 通貨数量 × 損失幅
= 100 × 40% × 1 万通貨 × 1 円 − 100 × 60% × 1 万通貨 × 0.5 円
= ＋ 10 万円

勝率が 40%と半分以下にも関わらず、結果は＋ 10 万円の利益です。

つまり、この例からも明らかな通り、FX で稼ぐには勝率だけをただ高めても意味がなく、**リスクリワードと勝率の両方をバランス**よく高めていくことが重要なのです。

なお、一般的にリスク＜リワードの状態にすると、勝率は悪化します。

これは損失幅を利益幅より狭くすれば、損切りの水準がエントリー価格により近いため、損切りに合う確率が高くなることからもイメージができるでしょう。

逆に、**リスク＞リワード**の状態にすれば、勝率は改善します。

極端な例ですが、利益幅＝１銭、損失幅＝100銭のように利益幅を損失幅より著しく狭くすれば、誰でも勝率80、90％といった高勝率が実現できます。

しかし、リスクリワードを考慮していない勝率はただの見せかけの数値であって、本質的に何の意味もありません。

リスク<リワードを保ち、勝率を向上させることこそが、FXで利益を残すことにつながるのです。

リスクリワードと勝率はバルサラの破産確率を参考にする

リスクリワードと勝率はトレードオフの関係にあり、**どちらかを優先すれば、どちらかが悪化**します。

ここで一つ、勝率とリスクリワードのバランスを取るうえで参考になる「**バルサラの破産確率**」を紹介します。

バルサラの破産確率とは、数学者のナウザー・バルサラが勝率、リスクリワードレシオ、**１回の取引でさらす最大損失の投資資金に対する割合（リスク許容度）から、トレードを続けた時に破産する確率を示した表**です。

バルサラの破産確率の構成要素

- 勝率：**勝ちトレード数 ÷ 総トレード数**
- リスクリワードレシオ **＝ 平均利益 ÷ 平均損失**
- リスク許容度 **＝ 取引１回の最大損失額 ÷ 投資資金**

例えば、次ページ表の通り、リスクリワードレシオが２で勝率が30％の場合、破産確率は100％ですが、勝率が40％の場合は破産確率が２％、勝率が50％以上の場合は破産確率が0％となります。

バルサラの破産確率とは、１回の取引の勝率とリスクリワードレシオ（損益率）から、トレードを続けた時に破産する確率を示した表です。
リスクリワードがいかに大切かわかります。

バルサラの破産確率　(リスク許容度 5%の場合)

許容リスク		勝　率								
5%		10%	20%	30%	40%	50%	60%	70%	80%	90%
リスクリワードレシオ	0.2	100	100	100	100	100	100	100	100	0
	0.4	100	100	100	100	100	100	100	0	0
	0.6	100	100	100	100	100	100	0.0	0	0
	0.8	100	100	100	100	100	2	0	0	0
	1.0	100	100	100	100	100	0.03	0	0	0
	1.2	100	100	100	100	4	0	0	0	0
	1.4	100	100	100	100	0.4	0	0	0	0
	1.6	100	100	100	37	0.1	0	0	0	0
	1.8	100	100	100	7	0.0	0	0	0	0
	2.0	100	100	100	2	0.0	0	0	0	0
	2.2	100	100	100	0.7	0	0	0	0	0
	2.4	100	100	72	0.3	0	0	0	0	0
	2.6	100	100	30	0.2	0	0	0	0	0
	2.8	100	100	14	0.1	0	0	0	0	0
	3.0	100	100	8	0.1	0	0	0	0	0

※なお、バルサラの破産確率は、リスク許容度の数値が高くなると、全体的に破産確率は上昇します。

勝率 50%、利益：損失＝1：1では FX で勝てない

ここで注目すべきは、**リスクリワードレシオが 1** の時、**勝率が 50%でも破産確率が 100%**になる点です。

利益と損失の比率が 1：1で勝率が 50%であれば、一見すると破産するかどうかは五分五分のように感じます。

しかし、投資の世界では損失（%）を取り戻すにはその損失分以上の利益（%）が必要となり、すべてが半々の条件ではうまくいかないのです。

例えば、10 万円の資産が 10%減って 9 万円になったとします。この時、再び元の金額へ回復するは 10%の利益では足りません。

目減りした 9 万円の資産に対して 10%の利益では 9 万 9,000 円にしかならず、

元の金額に戻すには11.1%以上の利益が必要となります。

これが投資で資金管理が重要な理由でもあり、でたらめな資金管理で一度大きく資産を減らしてしまうと、取り戻すには減らしたパーセント（%）以上のリターンが必要になってくるのです。

一方で、この仕組みはデメリットばかりではありません。それは、一度資産が増えだすと、今度は加速度的に資産が増えていくことです。

そう、これが皆さんもご存知の**「複利」の力**です。

もし、10万円の資産が10%増えて11万円（＋1万円）になった後、再び10%のリターンを得ると利益は＋1万1,000円となります。

投資で100%勝ち続けることは不可能な以上、いかに負けをうまく管理できるかが、この複利の力を使いこなせるどうかの分かれ目と言えます。

リスクリワードを優先し、その後勝率を高める努力を

勝率は最終的には相場が決める変数であり、自分自身で完璧にコントロールは不可能です。

一方で、リスクリワードレシオは**損失と利益の比率から計算**するものであり、トレーダー自らが自分で決めることができます。

つまり、勝率・リスクリワードレシオで、優先するべきはリスクリワードレシオであり、これを有利な値に設定することが重要であると言えます。

バルサラの破産確率からも、リスクリワードレシオが1未満の場合、破産確率が極端に増えており、まずは**リスクリワードレシオを2以上に設定し、勝率40%を目指します。**

そして、テクニカル分析やファンダメンタルズ分析により、エッジ（優位性）のあるトレードを実現させて、勝率を1%でもいいので徐々に高めていくことがFXで稼ぐことにつながっていくのです。

リスクリワードレシオが1未満だと破産確立が極端に増えます。
リスクリワードレシオを2以上に設定し、勝率40%を目指しましょう。

Chapter 5

演習問題

8 リスク許容度から逆指値を置く水準を計算する（円を含む場合）

Q

FX 会社に 10 万円の証拠金を預けています。ポンド / 円を 132.50 円で 5 ロット＝ 5,000 通貨、買いエントリーした時、1 回の損失を証拠金の 2%（リスク許容度）に抑えるためには、売りの逆指値注文をどこに置く必要がありますか？

以下の計算式から最大損失額は 2,000 円となり、逆指値注文を 132.10 円に置く必要があります。

1 回の損失を証拠金の 2%に抑える時、許容できる最大損失額は、

最大損失額 ＝ 証拠金 × リスク許容度
＝ 10 万円 × 2%
＝ 2,000 円

ここで、逆指値注文を置く水準を A 円と置くと、

取引損益 ＝ 売買値幅 × 通貨数量
＝（売値 － 買値）× 通貨数量
－ 2,000 円 ＝（A 円 － 132.50 円）× 5,000 通貨

A ＝ － 2,000 円 ÷ 5,000 通貨 ＋ 132.50 円
＝ 132.10 円

損切りの逆指値を必ず置くべきである

投資家の中には、「損切りを置くべきではない」「為替はいつか元の水準に戻るので含み損が出たら放置した方がいい」と考える方がいます。

この考えを真に受けて、損切りを置かずにトレードされている方もいるでしょう。

FXで損切りをするべきかどうか？

これに対する結論は、**「一部の例外を除いてFXでは損切りは必ず置くべきである」**となります。

まず、**損切りをしなくてもいいケース**は、次の場合のみです。

❶最初から長期運用戦略を取っている
❷レバレッジ1倍で理論上ロスカットのリスクがない

最初は短期売買のつもりでレバレッジを効かせてエントリーしたのに、含み損を抱えて損を確定するのが嫌だから後から戦略を変えて耐えることにした、なんて考えは通用しません。

為替は株よりも値動きが小さいとは言え、年間で10～20%は変動します。仮に、レバレッジを5倍かけた場合、レートが20%反対の方向に動けば資金はゼロになります。

また、バルサラの破産確率からも、リスクリワードレシオを1以上に保つことが必要であると先に説明した通りです。

リスク許容度は最大5%以下に抑えよう

リスク許容度とは、**1回の取引でどのくらいの損失までなら受け入れることができるかを示す数値**です。リスク許容度が大きければ、その分、損益の振れ幅も大きくなるので期待される収益（リターン）も高まります。

リスク許容度は、投資の目的や資産の状況など人によって異なりますが、レバレッジを効かせる**短期トレードでは投資資金の5%以内に抑えるべき**です。

これは前述の通り、一度大きな損失を被ると取り返すのに損失（%）以上のリターン（%）が必要となり、できる限り損失は小さく抑え、利益はできる限り伸ばしていくことが必須だからです。

リスク許容度の目安：3%前後
(積極的な投資家も最大5%以下に抑えるのが望ましい)

Chapter 5

演習問題 9

リスク許容度から逆指値を置く水準を計算する（円を含まない場合）

Q

FX会社に10万円の証拠金を預けています。ユーロ/米ドルを1.12000で5ロット＝5,000通貨、買いエントリーした時、1回の損失を証拠金の3%（リスク許容度）に抑えるためには、売りの逆指値注文をどこに置く必要がありますか？　円への換算レートを1米ドル＝100円とします。

以下の計算式から最大損失額は3,000円となり、逆指値注文を1.11400に置く必要があります。

1回の損失を証拠金の3%に抑える時、許容できる最大損失額は、

最大損失額 ＝ 証拠金 × リスク許容度
＝ 10万円 × 3%
＝ 3,000円

ここで、逆指値注文を置く水準をAと置くと、

取引損益 ＝ 売買値幅 × 通貨数量 × 円換算レート
＝（売値 － 買値）× 通貨数量 × 円換算レート
－3,000円 ＝（A － 1.12000）× 5,000通貨 × 100円

よって、Aを求めると、
A ＝－3,000円 ÷ 5,000通貨 ÷ 100円 ＋ 1.1200
＝ 1.11400

それでは、損切りの逆指値を置く水準を計算する例題を解いてみましょう。

例題 13

- 証拠金：30 万円
- 取引通貨：米ドル / 円
- 通貨数量：10 ロット＝ 10,000 通貨
- 売りエントリー：110.50 円
- リスク許容度：2%

最大損失額 ＝ 証拠金 × リスク許容度
＝ 30 万円 × 2%
＝ 6,000 円

ここで、逆指値注文を置く水準を A と置くと、

取引損益 ＝ 売買値幅 × 通貨数量 ＝（売値 － 買値 ）× 通貨数量
−6,000 円 ＝（110.50 円 － A 円）× 10,000 通貨

A ＝ 6,000 円 ÷ 10,000 通貨 ＋ 110.50 円
＝ 111.10 円

答え：**逆指値注文は 111.10 円に置く**

例題 14

- 証拠金：10 万円
- 取引通貨：英ポンド / 米ドル
- 通貨数量：10 ロット＝ 10,000 通貨
- 売りエントリー：1.12600
- リスク許容度：3%
- 円への換算レート：1 米ドル＝ 100 円

1 回の損失を証拠金の 3%に抑える時、許容できる最大損失額は、

最大損失額 ＝ 証拠金 × リスク許容度
＝ 10 万円 × 3%
＝ 3,000 円

ここで、逆指値注文を置く水準を A と置くと、

取引損益 ＝ 売買値幅 × 通貨数量 × 円換算レート
＝（売値 － 買値）× 通貨数量 × 円換算レート
－ 3,000 円 ＝（1.12600 － A）× 10,000 通貨 × 100 円

よって、A を求めると、

A ＝ 3,000 円 ÷ 10,000 通貨 ÷ 100 円 ＋ 1.1260
＝ 1.12900

答え：逆指値注文は 1.12900 に置く

資金管理を 3 ステップ（基本編）で行う

ここで一度、FX の実践的な資金管理プロセスの流れを整理しましょう。

まず、取引をする際に最初に決める、または既に決まっている項目は、「証拠金」「リスク許容度」「通貨ペア」「売買方向」があります。

ステップ 1：どの通貨ペアをどの方向にエントリーするか決める

- 証拠金：**FX 会社に預けている投資資金**
- リスク許容度：**損失を抑える割合**
- 通貨ペア：**売買する通貨ペア**
- 売買方向：**買いまたは売り**

次にレバレッジを何倍くらいで取引するかを決めます。レバレッジは通貨数量、つまり何ロット取引するかで調整できます（170 ページ）。

ステップ2：レバレッジとロットを決める

- 通貨数量：**取引するロット数**
- レバレッジ：**エントリー時のレバレッジ**

そして最後に、ステップ1と2で決まった条件と現在レートを元に、リスク許容度に収まるように**損切り水準と利益確定水準を計算**します。

ここで、損切り水準は演習問題7や8で解説した通り、リスク許容度から計算して求めることができます。

一方で、**利益確定水準**は、**リスクリワードを考慮して決める**ことを忘れないようにしましょう。

ステップ3：決済ポイント（損切りと利益確定）を決める

- 損切り水準：**リスク許容度を加味して計算**
- 利益確定水準：**リスクリワードを加味して計算**

損切り水準を先に決めるか後に決めるか

先ほどの資金管理3ステップ（基本編）では、最初にロット数を決め、その後に決済ポイント（損切りと利益確定）を決めると解説しました。

このやり方であれば、エントリー時のレバレッジも把握した上に、リスク許容度に収まるように損切りも決まるので資金管理は完全に思われます。

ただし、1点だけ他の点で注意点があります。

それは、**決済ポイント**、特に**損切りの水準にテクニカル的な根拠が含まれていない**点です。

そもそも**損切りをするべきタイミング**はテクニカル分析でエントリーし、**そのエントリー根拠が崩れたタイミングで行います。**

つまり、エントリー根拠が崩れたのであれば、リスク許容度の最大損失額に達する前に損切りを実施するべきであり、最大損失額の水準まで待つ必要はありません。

例えば、先の3ステップから損切り幅が30pipsと決まりました。ただし、エントリー根拠はサポートラインからの反発であり、もし予想に反してサポートラインを下にブレイクした場合、根拠が崩れたことになるので損切りをするべきです。

よって、リスク許容度の30pipsには達していませんが、損切り幅はそれよりも狭くなることになります。

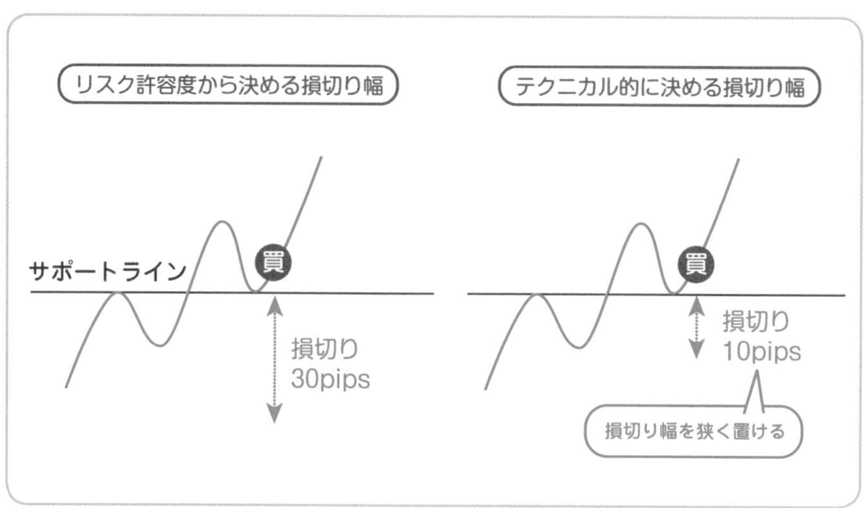

資金管理を３ステップ（応用編）で行う

ここまで読まれた方の中で、「じゃあ、**先に損切り幅を先に決めて、その後にロットを決めれば**いいのでは？」と思われた方もいるでしょう。

その方法も極めて有効です。

まず、ステップ１は資金管理の３ステップ（基本編）と同じです。

ステップ１：どの通貨ペアをどの方向にエントリーするか決める

- 証拠金：**FX 会社に預けている投資資金**
- リスク許容度：**損失を抑える割合**
- 通貨ペア：**売買する通貨ペア**
- 売買方向：**買いまたは売り**

次のステップ２では、チャート分析を行いテクニカル的な根拠を持って損切りと利益確定水準を決めます。

ステップ2：決済ポイント（損切りと利益確定）を決める

- 損切り水準：**テクニカル的な根拠で決定**
- 利益確定水準：**リスクリワードを加味して計算**

そして、損切り幅が決まれば、リスク許容度から最大でどれくらいの通貨数量を取引できるかが逆算で求まるので、その範囲内に収まるようにロットを決めるのです。

ステップ3：レバレッジとロットを決める

- 通貨数量：**取引するロット数**
- レバレッジ：**エントリー時のレバレッジ**

それでは、演習問題10、11でこの方式でロットを計算してみましょう。

Chapter 5

演習問題

10 損切り幅から取引数量を計算しよう（円を含む場合）

Q

FX 会社に 30 万円の証拠金を預けています。米ドル / 円を 108.50 円で買いエントリー、損切りをテクニカル的な根拠を持って 108.30 円に置くと決めました。この時、1 回の損失を証拠金の 2%（リスク許容度）に抑えるためには、最大の取引数量はいくらですか？

A

以下の計算式から、最大の取引数量は 30,000 通貨となります。
1 回の損失を証拠金の 2%に抑える時、許容できる最大損失額は、

最大損失額 ＝ 証拠金 × リスク許容度
＝ 30 万円 × 2%
＝ 6,000 円

ここで、取引数量を A とすると、

取引損益 ＝ 売買値幅 × 通貨数量 ＝（売値 − 買値）× 通貨数量
− 6,000 円 ＝（108.30 円 − 108.50 円）× A

よって、
A ＝ 6,000 円 ÷ 0.2 円
＝ 30,000 通貨

なお、エントリー時のレバレッジは以下の通りです。

レバレッジ ＝ 円換算の取引金額 ÷ 証拠金
＝ 30,000 通貨 × 108.50 円 ÷ 30 万円
＝ 10.85

それでは、練習で以下の例題を解いてみましょう。

例題 15　最大の取引数量はいくらですか？

- 証拠金：**50 万円**
- 通貨ペア：**ユーロ円**
- 売りエントリー：**123.50 円**
- 損切り：**123.60 円**
- リスク許容度：**3%**

計算は以下の通りです。
1 回の損失を証拠金の 3%に抑える時、許容できる最大損失額は、

最大損失額 ＝ **50 万円 × 3% ＝ 15,000 円**

ここで、取引数量を A とすると、

－ 15,000 円 ＝（123.50 円 － 123.60 円）× A（取引数量）
A ＝ 15,000 円 ÷ 0.1 円
＝ 150,000 通貨

なお、エントリー時のレバレッジは、
150,000 通貨 × 123.50 円 ÷ 50 万円 ＝ 37.0 倍
となり、**レバレッジ 25 倍を超えている**ため国内 FX 会社の場合は取引できません。

このように、証拠金やリスク許容度に対し、損切り幅が狭すぎる場合には最大取引数量がレバレッジ規制を超えた数値になるケースがあります。

このような時は、自分の中で適度なレバレッジ（おすすめは 10 倍以下）になるように、**取引数量を調整してエントリー**することになります。

それにより、❶テクニカル的に根拠のある損切りポイント、❷リスク許容度以下の損失、❸リスクリワードを加味した利益確定水準、と手堅いトレードを実現することができます。

損切り幅を決めてから、
どれくらい取引数量を増
やせるかがわかりましたね。

Chapter 5
演習問題
11 損切り幅から取引数量を計算しよう（円を含まない場合）

Q

FX会社に30万円の証拠金を預けています。ユーロ/米ドルを1.11500で買いエントリー、損切りを1.11000に置くと決めました。この時、1回の損失を証拠金の3%（リスク許容度）に抑えるためには、最大の取引数量はいくらですか？
なお、円換算レートを1米ドル＝100円、1ユーロ＝111.50円とします。

以下の計算式から、最大の取引数量は18,000通貨となります。
1回の損失を証拠金の3%に抑える時、許容できる最大損失額は、

最大損失額 ＝ 証拠金 × リスク許容度
＝ 30万円 × 3%
＝ 9,000円

ここで、取引数量をAとすると、

取引損益 ＝ 売買値幅 × 通貨数量 × 円換算レート
＝（売値 − 買値）× 通貨数量 × 円換算レート

−9,000円 ＝（1.11000 − 1.11500）× A × 100円

よって、
A ＝ 9,000円 ÷ 0.005 ÷ 100円
＝ 18,000通貨（ユーロ）

なお、エントリー時のレバレッジは以下の通りです。
レバレッジ計算時の円換算レートは、「通貨」の対円レートであるユーロ円のレートになるので注意してください。

レバレッジ ＝ 円換算の取引金額 ÷ 証拠金
＝ 18,000 通貨（ユーロ）× 111.50 円 ÷ 30 万円
＝ 6.69

それでは、練習で以下の例題を解いてみましょう。

例題 16　最大の取引数量はいくらですか？

- 証拠金：**50 万円**
- 通貨ペア：**英ポンド / 米ドル**
- 売りエントリー：**1.24300**
- 損切り：**1.24800**
- リスク許容度：**2%**
- 円換算レート：**米ドル / 円 ＝ 100 円、英ポンド / 円 ＝ 124.30 円**

最大損失額 ＝ **50 万円 × 2% ＝ 1 万円**

ここで、取引数量を A とすると、

取引損益 ＝ 売買値幅 × 通貨数量 × 円換算レート
− 1 万円 ＝（1.24300 − 1.24800）× A × 100 円

A ＝ 1 万円 ÷ 0.005 ÷ 100 円
＝ 20,000 通貨（ポンド）

なお、レバレッジは以下となります。

レバレッジ ＝ 20,000 通貨（ポンド）× 124.30 円 ÷ 50 万円
＝ 4.97 倍

資金管理の計算は専用アプリやツールを利用しよう

今回学んできた資金管理の計算を、毎回自分で行う必要はありません。

最近は、各 FX 会社が無料で使用できる**損益シミュレーターやアプリ**を用意してくれているので、それらを使えば簡単に計算することができます。

しかし、だからと言って、資金管理の計算や方法をまったく勉強せずに FX をするのはリスクが高いです。

損益シミュレーターを使うにしても一定の背景知識は必須ですし、何より資金管理の知識があることで何か突発的な出来事が起きた際にも冷静に対応することができます。

投資の世界で利益を稼ぎ続けるには、どこで売買すればいいのかエントリーポイントを学ぶだけでは不十分です。

その土台となる徹底した資金管理術がベースとなって、はじめて手法を活かすことができます。

特別タイアップ特典

＼ **FXテクニカル分析なら** ／
ゼロから学ぶラインの引き方完全マニュアル

ラインの王道

〜ラインを制するものは相場を制する〜

圧倒的!!「質」と「量」!!無料学習コンテンツ

91ページのテキスト＆ 3時間の動画講義

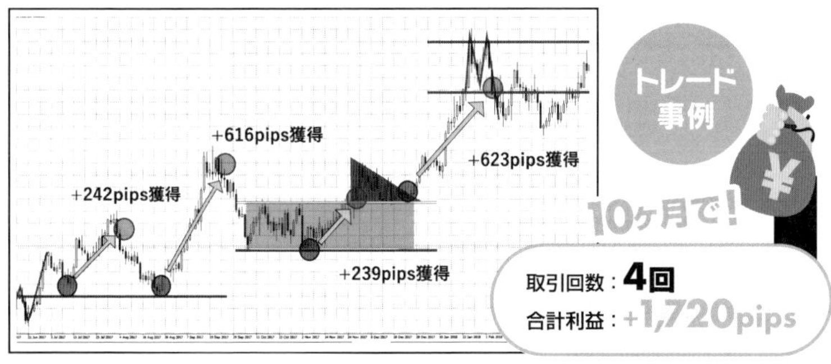

国内の大手FX会社と特別タイアップを実施しており、以下のURL（QRコード）より、新規口座開設と条件を満たした方へもれなく無料プレゼントさせて頂きます。

https://fx-megabank.com/lp/line-book/

※本特典の提供は、株式会社フィンテラスが実施しており、販売書店、出版社等とは一切関係ございません。お問い合わせは出版社ではなく、株式会社フィンテラスの窓口であるinfo@fx-megabank.comまでお願いします。